交通技工院校汽车运输类专业新课改教材

汽车营销
（第2版）

（汽车商务专业用）

郑超文　主　编
杜建忠　主　审

人民交通出版社股份有限公司
北京

内 容 提 要

本书是交通技工院校汽车运输类专业新课改教材之一,主要包括汽车产品的推荐与介绍、汽车销售、汽车促销、汽车营销表单作业、购车手续代理服务、顾客开拓、汽车销售信贷、二手汽车交易等内容。

本书是交通技工院校、中等职业学校的汽车商务专业的核心课程教材,也可作为汽车维修专业技术等级考核及培训用书和相关技术人员的参考用书。

图书在版编目(CIP)数据

汽车营销/郑超文主编. —2 版. —北京:人民交通出版社股份有限公司, 2021.11
ISBN 978-7-114-17349-3

Ⅰ.①汽… Ⅱ.①郑… Ⅲ.①汽车—市场营销学—高等职业教育—教材 Ⅳ.①F766

中国版本图书馆 CIP 数据核字(2021)第 099623 号

QICHE YINGXIAO

书　　名:汽车营销(第2版)
著 作 者:郑超文
责任编辑:郭　跃
责任校对:赵媛媛
责任印制:张　凯
出版发行:人民交通出版社股份有限公司
地　　址:(100011)北京市朝阳区安定门外外馆斜街 3 号
网　　址:http://www.ccpcl.com.cn
销售电话:(010)59757973
总 经 销:人民交通出版社股份有限公司发行部
经　　销:各地新华书店
印　　刷:北京市密东印刷有限公司
开　　本:787×1092　1/16
印　　张:18.5
字　　数:315 千
版　　次:2013 年 8 月　第 1 版
　　　　　2021 年 11 月　第 2 版
印　　次:2021 年 11 月　第 2 版　第 1 次印刷　总第 5 次印刷
书　　号:ISBN 978-7-114-17349-3
定　　价:45.00 元

(有印刷、装订质量问题的图书由本公司负责调换)

交通职业教育教学指导委员会
汽车（技工）专业指导委员会

主 任 委 员：李福来
副主任委员：金伟强　戴　威
委　　　员：王少鹏　王作发　关菲明　孙文平
　　　　　　张吉国　李桂花　束龙友　杨　敏
　　　　　　杨建良　杨桂玲　胡大伟　雷志仁
秘　　　书：张则雷

第2版前言

为适应社会经济发展和汽车运用与维修专业技能型人才培养的需求,交通职业教育教学指导委员会汽车(技工)专业指导委员会陆续组织编写了汽车维修、汽车营销、汽车检测等专业技工、高级技工及技师教材,受到广大职业院校师生的欢迎。随着职业教育教学改革的不断深入,职业学校对课程结构、课程内容及教学模式提出了更高、更新的要求。《国家职业教育改革实施方案》提出"引导行业企业深度参与技术技能人才培养培训,促进职业院校加强专业建设、深化课程改革、增强实训内容、提高师资水平,全面提升教育教学质量"。为此,人民交通出版社股份有限公司根据职业教育改革相关文件精神,组织全国交通类技工、高级技工及技师类院校再版修订了本套教材。

此次再版修订的教材总结了交通技工类院校多年来的汽车专业教学经验,将职业岗位所需要的知识、技能和职业素养融入汽车专业教学中,体现了职业教育的特色。本版教材改进如下:

1. 教材编入了汽车行业的新知识、新技术、新工艺,更新现有标准规范,同时注意新设备、新材料和新方法的介绍,删除上一版中陈旧内容,替换老旧车型。

2. 对上一版中错漏之处进行了修订。

本书由广西交通技师学院郑超文担任主编,陕西交通技师学院杜建忠担任主审。项目一、项目二的课题一由郑超文编写,项目二的其余课题由杭州技师学院滕仙娟编写,项目三、项目六由广西交通技师学院李金潮编写,项目七、项目八由浙江交通技师学院陈虹编写,项目四、项目五由广西交通技师学院梁丽丽编写。本书在编写过程中,得到了部分汽车修理厂家和汽车4S店的支持,在此表示感谢。

限于编者经历和水平,教材内容难以覆盖全国各地中等职业学校的实际情况,希望各学校在选用和推广本系列教材的同时,注重总结教学经验,及时提出修改意见和建议,以便再版修订时改正。

编 者
2021年6月

第1版前言

教育部关于全面推进素质教育深化中等职业教育教学改革的意见中提出"中等职业教育要全面贯彻党的教育方针,转变教育思想,树立以全面素质为基础、以能力为本位的新观念,培养与社会主义现代化建设要求相适应,德智体美等全面发展,具有综合职业能力,在生产、服务、技术和管理第一线工作的高素质劳动者和中初级专门人才"。根据这一精神,交通职业教育教学指导委员会在专业调研和人才需求分析的基础上,通过与从事汽车运输行业一线行业专家共同分析论证,对汽车运输类专业所涵盖的岗位(群)进行了职业能力和工作任务分析,通过典型工作任务分析→行动领域归纳→学习领域转换等步骤和方法,形成了汽车运输类专业课程体系,于2011年3月编辑出版了《交通运输类主干专业教学标准与课程标准》(适用于技工教育)。为更好地执行这两个标准,为全国交通运输类技工院校提供适应新的教学要求的教材,交通职业教育教学指导委员会汽车(技工)专业指导委员会于2011年5月启动了汽车运输类主干专业系列规划教材的编写。

本系列教材为交通职业教育教学指导委员会汽车(技工)专业指导委员会规划教材,涵盖了汽车运输类的汽车维修、汽车钣金与涂装、汽车装饰与美容、汽车商务等4个专业26门专业基础课和专业核心课程,供全国交通运输类技工院校汽车专业教学使用。

本系列教材体现了以职业能力为本位,以能力应用为核心,以"必需、够用"为原则;紧密联系生产、教学实际;加强教学针对性,与相应的职业资格标准相互衔接。教材内容适应汽车运输行业对技能型人才的培养要求,具有以下特点:

1. 教材采用项目、课题的形式编写,以汽车维修企业、汽车4S店实际工作项目为依据设计,通过项目描述、项目要求、学习内容、学习任务(情境)描述、学习目标、资料收集、实训操作、评价与反馈、学习拓展等模块,构建知识和技能模块。

2. 教材体现职业教育的特点,注重知识的前沿性和全面性,内容的实用性和实践性,能力形成的渐进性和系统性。

3. 教材反映了汽车工业的新知识、新技术、新工艺和新标准,同时注意新设备、新材料和新方法的介绍,其工艺过程尽可能与当前生产情景一致。

4. 教材体现了汽车专业中级工应知应会的知识技能要求,突出了技能训练和学习能力的培养,符合专业培养目标和职业能力的基本要求,取材合理,难易程度适中,切合中技学生的实际水平。

5. 教材文字简洁,通俗易懂,以图代文,图文并茂,形象直观,形式生动,容易培养学员的学习兴趣,有利于提高学习效果。

本书根据交通职业教育教学指导委员会交通运输类主干专业教学标准与《汽车营销》课程标准进行编写。它是交通技工院校、中等职业学校的汽车商务专业核心课教材。其功能在于培养汽车营销人员的基本职业能力,达到本专业学生应具备的汽车营销知识要求。本书也可作为汽车维修专业技术等级考核及培训用书和相关技术人员的参考用书。全书由8个项目组成,包括汽车产品的推荐与介绍、汽车销售、汽车促销、汽车营销表单作业、购车手续代理服务、顾客开拓、汽车销售信贷、二手汽车交易等内容。

本书由广西交通技师学院郑超文担任主编,陕西交通技师学院杜建忠担任主审。项目一、项目二的课题一由郑超文编写,项目二的其余课题由杭州技师学院滕仙娟编写,项目三、项目六由苏州建设交通高等职业技术学校吴玉兰编写,项目七、项目八由浙江交通技师学院陈虹编写,项目四、项目五由广西交通技师学院陆向华编写。本书在编写过程中,得到了部分汽车修理厂家和汽车4S店的支持,在此表示感谢。

由于编者经历和水平有限,教材内容难以覆盖全国各地的实际情况,希望各地教学单位在选用和推广本教材的同时,总结经验及时提出修改意见和建议,以便再版时修订改正。

交通职业教育教学指导委员会
汽车(技工)专业指导委员会
2013年2月

目 录

项目一 汽车产品的推荐与介绍 1
- 课题一 汽车分类与车辆识别代号 2
- 课题二 汽车总体构造 8
- 课题三 汽车标准配置 18
- 课题四 汽车外观、车厢内部主要构件及特征 25
- 课题五 汽车附件及其功能 35

项目二 汽车销售 45
- 课题一 汽车销售人员的基本礼仪 46
- 课题二 汽车销售流程及操作技巧 59
- 课题三 顾客异议处理 95
- 课题四 我国汽车销售渠道的主要模式及特点 102

项目三 汽车促销 114
- 课题一 汽车促销的方法和手段 115
- 课题二 汽车广告的促销方法 121
- 课题三 人员促销技巧 129

项目四 汽车营销表单作业 137
- 课题一 财会基本知识 138
- 课题二 常用票据及填写方法 144
- 课题三 财会支付与结算 154
- 课题四 汽车营销合同 161

项目五　购车手续代理服务 ………………………………………………… 172

课题一　新车初检项目与程序 ……………………………………………… 173
课题二　车辆购置税的计算与交纳流程 …………………………………… 176
课题三　车辆证照的办理流程 ……………………………………………… 182

项目六　顾客开拓 …………………………………………………………… 189

课题一　顾客类型及分析 …………………………………………………… 190
课题二　顾客开拓的意义和方法 …………………………………………… 199
课题三　提升顾客满意度,维持顾客忠诚度 ……………………………… 204
课题四　汽车市场调查 ……………………………………………………… 216

项目七　汽车销售信贷 ……………………………………………………… 225

课题一　汽车消费信贷实行的前提和途径 ………………………………… 226
课题二　商业银行汽车消费信贷应具备的条件及有关规定 ……………… 230
课题三　汽车消费信贷业务流程 …………………………………………… 235

项目八　二手汽车交易 ……………………………………………………… 250

课题一　二手汽车交易的概念及相关法律法规 …………………………… 251
课题二　二手汽车鉴定评估特点和评估检查流程 ………………………… 262
课题三　二手汽车评估的基本方法 ………………………………………… 271
课题四　车辆的变更、过户、转籍手续的办理流程 ……………………… 278

参考文献 ……………………………………………………………………… 287

项目一 汽车产品的推荐与介绍

项目描述

汽车销售是充满智慧与挑战的一项工作,对销售人员的综合素质要求很高。作为汽车销售人员不仅要具备良好的沟通能力、敏锐的观察能力、较强的分析能力、高度的团队精神,还需要具有一定的专业知识。本项目所包含的内容是汽车销售人员在汽车产品推介与介绍过程中,必须具备的汽车基本专业知识,应熟练掌握,灵活运用。

该项目主要培养汽车销售人员对汽车基本构造及其整车的认知能力、表述能力、沟通能力和推介技巧。

知识目标

(1) 熟知汽车分类与车辆识别代号;
(2) 能够准确描述汽车配置的相关内容。

技能目标

(1) 熟练掌握汽车总体构造、汽车外观及内饰等专业知识;
(2) 能够利用所学知识给客户作简单的汽车产品介绍;
(3) 能说出汽车附件及其基本功能,学会根据客户需求提供汽车的选配建议;
(4) 能够利用网络进行汽车商务信息查询。

素养目标

(1) 培养团队协作意识;
(2) 与人沟通及自动化办公设备运用能力;
(3) 信息库应用能力。

建议课时

24 课时。

课题一 汽车分类与车辆识别代号

一、汽车分类

按照《汽车和挂车类型的术语和定义》(GB/T 3730.1—2001),汽车分为乘用车和商用车两大类。乘用车主要用于承载人及随身行李、临时物品,包括驾驶人在内最多不超过9个座位,它还可以牵引挂车。商用车辆主要用于运送人员及货物,并可以牵引挂车。汽车分类如图1-1所示。

二、车辆识别代号

1. 车辆识别代号

车辆识别代号由世界制造厂识别代号(WMI)、车辆说明部分(VDS)、车辆指示部分(VIS)三部分组成,共17位字码。

车辆识别代号的位置一般都在风窗玻璃的左下角或者右上角,也有的在发动机舱内左上角或者右上角,位置较突出,例如铭牌处、发动机号、底盘号附近等,如图1-2、图1-3所示。

2. 我国现行车辆识别代号的含义

对年产量大于或等于1000辆的完整车辆和/或非完整车辆制造,车辆识别代号的第一部分为世界制造识别代号(WMI);第二部分为车辆说明部分(VDS);第三部分为车辆指示部分(VIS),如图1-4a)所示。

对年产量小于1000辆的完整车辆和/或非完整车辆制造厂,车辆识别代号的第一部分为世界制造识别代号(WMI);第二部分为车辆说明部分(VDS);第三部分的三、四、五位与第一部分的三位字码一起构成世界制造厂识别代号(WMI),其余五位为车辆指示部分(VIS),如图1-4b)所示。

(1)第1~3位(WMI:世界制造厂识别代号)。

世界制造厂识别代号(WMI)是车辆识别代号的第一部分,由车辆制造厂所在国家或地区的授权机构预先分配,WMI应符合《道路车辆 世界制造厂识别代号(WMI)》(GB 16737—2019)的规定。

项目一 汽车产品的推荐与介绍

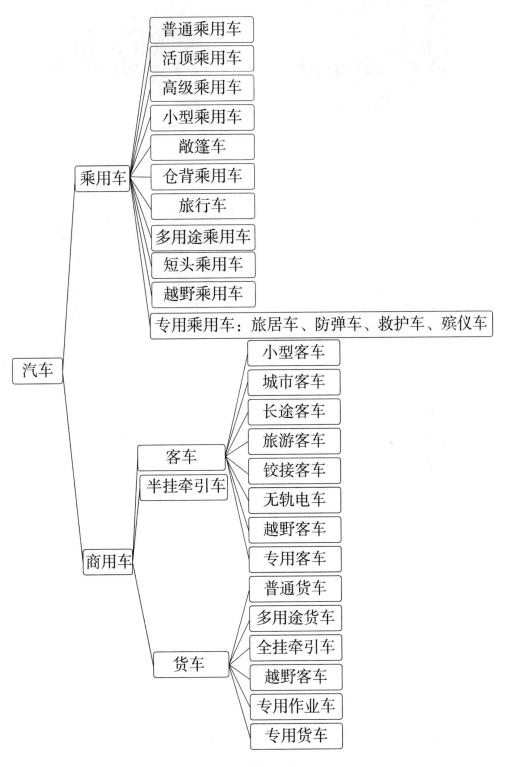

图1-1 汽车分类

图 1-2　车辆识别代号位置（发动机舱内）

图 1-3　车辆识别代号位置（风窗玻璃的左下角）

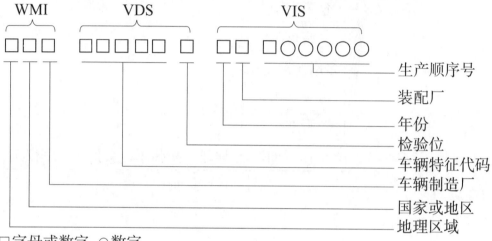

a) 年产量大于或等于 1000 辆的完整车辆和/或非完整车辆制造厂车辆识别代号结构示意图

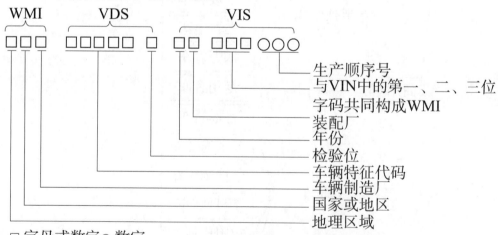

b) 年产量小于 1000 辆的完整车辆和/或非完整车辆制造厂车辆识别代号结构示意图

图 1-4　车辆识别代号结构示意图

项目一　汽车产品的推荐与介绍

(2) 第 4～9 位(VDS:车辆说明部分)。

车辆说明部分(VDS)是车辆识别代号的第二部分,由六位字码组成。如果车辆制造厂不使用其中的一位或几位字码,应在该位置填入车辆制造厂选定的字母或数字占位。VDS 第 1～5 位(即 VIN 的第 4～8 位)应对车辆一般特征进行描述,组成代码及排列次序由车辆制造厂决定。

(3) 第 10～17 位(VIS:车辆指示部分)。

车辆指示部分(VIS)是车辆识别代号的第三部分,由八位字码组成。

第 10 位应代表年份(表 1-1)。年份代码按表 1-1 规定使用(30 年循环一次)。车辆制造厂若在此位使用车型年份,应向授权机构备案每个车型年份的起止日期,并及时更新;同时在每一辆车的机动车出厂合格证或产品一致性证书上注明使用了车型年份。

车型年份(第 10 位)　　表 1-1

年份	代码	年份	代码	年份	代码	年份	代码
1991	M	2001	1	2011	B	2021	M
1992	N	2002	2	2012	C	2022	N
1993	P	2003	3	2013	D	2023	P
1994	R	2004	4	2014	E	2024	R
1995	S	2005	5	2015	F	2025	S
1996	T	2006	6	2016	G	2026	T
1997	V	2007	7	2017	H	2027	V
1998	W	2008	8	2018	J	2028	W
1999	X	2009	9	2019	K	2029	X
2000	Y	2010	A	2020	L	2030	Y

第 11 位应代表装配厂。

如果车辆制造厂生产年产量大于或等于 1000 辆的完整车辆和/或非完整车辆,VIS 的第 12～17 位字码用来表示生产顺序号。

如果车辆制造厂生产年产量小于 1000 辆的完整车辆和/或非完整车辆,则 VIS 的第 12～14 位应与第一部分的三位字码一同表示一个车辆制造厂,VIS 的第 15～17 位用来表示生产顺序号。

三、实训情景设计

(1)根据给出的车辆识别代号,解读其中信息:LFVBA11G223082983。

(2)分小组设计3~5条车辆识别代号,各组交换解读其中信息。

四、检查评价

方案一:教师以知识问答的形式进行提问检查。

(1)根据《汽车和挂车类型的术语和定义》(GB/T 3730.1—2001),中国汽车划分为哪几类?

(2)请阐述车辆识别代号的概念。

(3)请阐述 VIN 每位数字所代表的车辆信息。

方案二:结合实训情景设计,各小组推荐代表进行展示,其他小组结合评分表1-2,就展示者的专业认知能力、表述能力、沟通能力和推介技巧等进行评分。

汽车分类与汽车识别码课题评分表 表1-2

序号	评分项目		评分标准	分值	得分
1	专业认知	汽车分类	汽车分类的国家标准	表述完全正确的,满分;表述不完全正确的,酌情扣分	40	
		车辆识别代号	车辆识别代号概念	表述完全正确的,满分;表述不完全正确的,酌情扣分	5	
			车辆识别代号的含义	5组数据,每组5分	25	
2	表述和沟通		专业准确性	能把客观概念表述得清晰、准确、连贯,没有语病	5	
			得体生动性	语言平易、得体,合乎礼节	5	
			倾听与设计	善于倾听,能根据顾客需求设计应答话术	5	

项目一　汽车产品的推荐与介绍

续上表

序号	评分项目	评分标准	分值	得分
3	推介技巧	辨别顾客类型及采用接待策略	根据以下标准和现场表现酌情评分： 新顾客——注重礼貌； 老顾客——注重热情； 急顾客——注重快捷； 精顾客——注重耐心； 女顾客——注重新颖、漂亮； 老年顾客——注重方便、实用； 需要参谋的顾客——大胆热情； 自有主张的顾客——根据需要适时推介	5	
		推介原则	根据以下标准和现场表现酌情评分： 实事求是； 主动热情； 介绍重点和要点； 介绍要有关联性	5	
4	职业素养	综合评价	能够灵活运用事先编排方案进行演示,过程完整、流畅;语言姿态符合礼仪标准	5	
合计	综合评语：			100	

课题二　汽车总体构造

一、汽车总体构造概述

现代汽车的类型很多,但总体结构都是由发动机、底盘、车身、电气设备4大部分组成。

(一)发动机

发动机是汽车的动力装置,被称为"汽车心脏",是将燃料燃烧的热能转换成机械能的机器。发动机类型和构造见表1-3。

发动机类型和构造　　　　　　表1-3

项目	内　容	图　示
1.发动机类型	(1)按照使用燃料的不同,可分为汽油发动机、柴油发动机、液化石油气发动机等。本书以汽(柴)油发动机为例,介绍发动机知识	单缸发动机　　多缸发动机
	(2)按照汽缸数及其排列形式不同,可分为单缸和多缸发动机。 ①单缸发动机有立式和卧式; ②多缸发动机有直列式、V形和水平对置式	直列式发动机　　V形发动机

续上表

项目	内　容	图　示
1. 发动机类型	（3）按照冷却方式不同，可分为风冷式发动机和水冷式发动机	水平对置式发动机 风冷式发动机　　水冷式发动机
	（4）按照工作循环的不同，可分为四冲程发动机和二冲程发动机	四冲程发动机　　二冲程发动机
2. 发动机的构造	（1）汽油发动机一般由"两大机构，五大系统"组成，即曲柄连杆机构、配气机构、燃料供给系统、冷却系统、润滑系统、起动系统和点火系统； （2）柴油发动机的燃油燃烧方式是压燃式，只有两大机构四大系统，没有点火系统	

（二）底盘

底盘是汽车的基础，可以称其为汽车的"骨骼"。底盘构成见表1-4。

底　盘　　　　　　　　　表1-4

项目	内容	图示
1.底盘构成	底盘一般由传动系统、行驶系统、转向系统和制动系统4部分构成	 轿车底盘
2.传动系统	传动系统的功用:将发动机发出的动力传给驱动车轮,使驱动轮在地面转动与地面摩擦产生驱动力驱动汽车行驶。传动系统布置可分为以下5类: (1)发动机前置后轮驱动(FR):主要应用在中、高级乘用车中。优点:轴荷分配均匀,即整车的前后质量比较平衡,操控稳定性较好。缺点:传动部件多,传动系统质量大,贯穿乘坐舱的传动轴占据了舱内的地台空间。	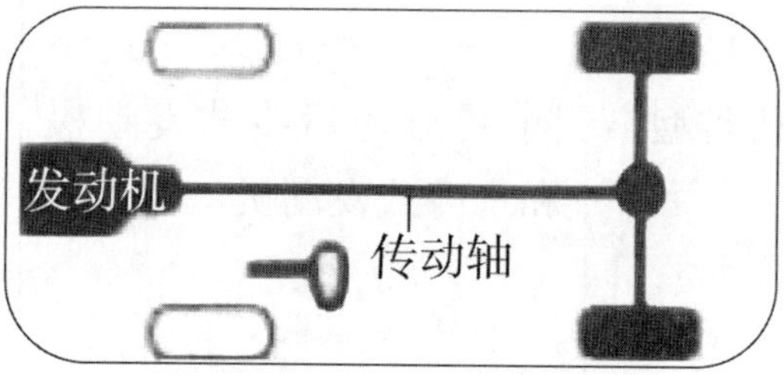 发动机前置后轮驱动 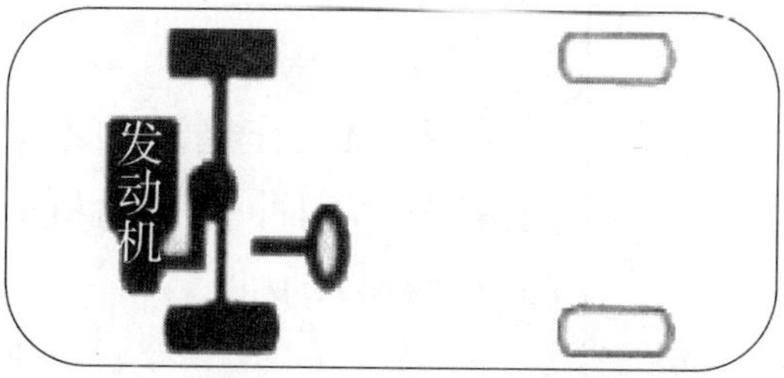 发动机前置前轮驱动 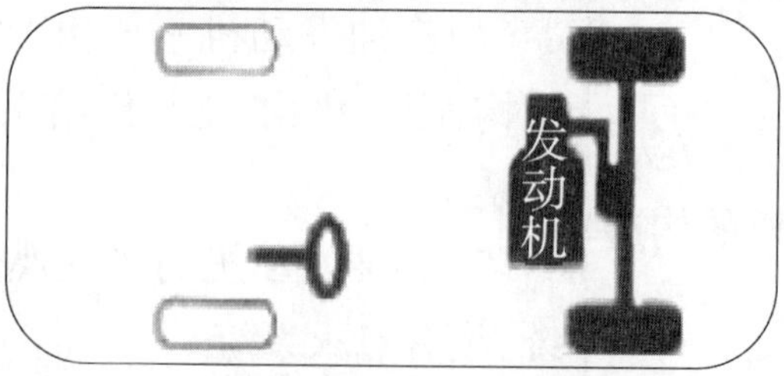 发动机中置后轮驱动

续上表

项目	内 容	图 示
2.传动系统	(2)发动机前置前轮驱动(FF):现代小、中型轿车普遍采用的布置方案。优点:降低了车厢地台,操控性有明显的转向不足特性,另外其抗侧滑的能力也比FR强。缺点:上坡时驱动轮附着力会减小;前轮由于驱动兼转向,导致结构复杂,工作条件恶劣。 (3)发动机中置后轮驱动(MR):多用在追求操控表现的跑车上。优点:轴荷分配均匀,具有很中性的操控特性。缺点:发动机占去了座舱的空间,降低了空间利用率和实用性。 (4)发动机后置后轮驱动(RR):多应用在客车上。优点:结构紧凑,没有沉重的传动轴,也没有复杂的前轮转向兼驱动结构。缺点:后轴荷较大,在操控性方面会产生与FF相反的转向过度倾向。 (5)四轮驱动(4WD):多用于越野车上。优点:四个车轮均有动力,地面附着率最大,通过性和动力性好	发动机后置后轮驱动 四轮驱动(4WD)

续上表

项目	内 容	图 示
3.行驶系统	行驶系统的主要功用：支持全车的质量并保证汽车行驶。绝大部分汽车都采用轮式行驶系统，主要由车架、车桥、悬架和车轮等部分组成	行驶系统
4.转向系统	(1)转向系统的功用是按照驾驶人的要求改变转身车轮的行驶方向，实现汽车行驶方向控制。 (2)转向系统的类型有机械式转向系统和动力转向系统	转向系统
5.制动系统	制动系统有行车制动系统(脚刹)和驻车制动系统(手刹)。驾驶人通过此系统控制汽车减速，停车以及驻车。一般车辆所使用的行车制动器分为鼓式和盘式制动器两种	制动系统

（三）车身

车身安装在底盘的车架上，用以驾驶人、旅客乘坐或装载货物，见表1-5。

车　身　　　　　表 1-5

项目	内　容	图　示
1.车身的形式和种类	（1）4 门轿车：4 门标准车型，为乘用车的最基本形式，乘坐及行李舱空间宽敞	4 门轿车
	（2）双门轿跑车：注重行车性能跑车化的 2 门轿跑车。其特点是：长且宽阔的发动机室，圆滑流线、低矮的车身及简洁圆润的车尾，讲究驾驶座为主的设计，亦有（2+2）座位安排，后座仅适合儿童乘坐的设计	双门轿跑车
	（3）掀背式轿车：有 3 门及 5 门两种类型。其特点是：后尾门可上掀开启，行李舱短小但可与放倒的后椅背形成一体的大空间，方便装卸大型行李。造型上常自 B 柱以后车身设计成具备跑车动感流线造型，与旅行车、SUV 有明显差异，更有近似跑车的 3 门车型	掀背式轿车

续上表

项目	内　容	图　示
1. 车身的形式和种类	（4）旅行车：车顶延伸至车尾部，以近似垂直角度切入车尾下缘，类似厢式车后段，以增加车尾室内载货空间，因此无法具备掀背式轿车般流线的漂亮造型，长期以来一直被认定为客货两用商用车	旅行车
	（5）敞篷车：纯个性化用车。通常是2门车型，搭配软篷车顶，以电动（或手动）开启、收藏，在阳光充足温和、气候干燥、空气清新的地区适宜使用，在高温多雨、空气污染的地区，实用性不大	敞篷车
2. 以车厢类型分类	（1）三厢车：前中后（发动机室、乘员厢、行李舱）3段车厢造型，最传统轿车形式	三厢车
	（2）两厢车：前后2段车厢（乘员厢与行李舱成一体形式），旅行车便属此类	两厢车

项目一　汽车产品的推荐与介绍

续上表

项目	内　容	图　示
2.以车厢类型分类	（3）单厢车：前中后（发动机室、乘员厢、行李舱）共成一体，状似吐司面包，故俗称面包车或厢型车	单厢车

（四）汽车电气设备

现代汽车电气设备的种类和数量都很多，但总的来说，可以大致分为三部分，即电源、用电设备和配电装置，见表1-6。

汽车电气设备　　　　　　　　　　表1-6

项目	内　容	图　示
1.汽车电源	汽车电源系统由蓄电池、发电机组成	蓄电池　发电机
2.用电设备	汽车上的用电设备数量很多，如起动机、照明灯具、电喇叭、仪表装置、车载收音机、电动刮水器等	起动机　照明灯具 电喇叭　仪表装置

续上表

项目	内容	图示
3.配电装置	配电装置主要包括中央接线盒、熔断器、继电器、电线束及插件、电路开关等,通过这些配电装置,可以将电源和用电设备连接起来,使全车电路形成一个统一的整体	中央接线盒、熔断器与继电器

二、实训情景设计

(1)一位初次到店的顾客,对汽车的总体构造知识特别感兴趣。作为汽车销售顾问,请你将顾客引领至展车旁,结合展车,向其介绍相关知识。

(2)分小组设计一个情景,将本课题所学汽车总体构造知识现场展示。

三、检查评价

方案一:师生、同学或小组间以知识问答的形式,结合检查表进行提问检查。

(1)请列举出发动机安装位置及发动机类型。
(2)发动机构造由哪"两大机构,五大系统"组成?
(3)底盘一般由哪几部分构成?
(4)汽车的传动系统布置可以分为哪几类?
(5)行驶系统主要由哪几部分组成?
(6)转向系统的功用是什么?
(7)制动系统有哪些类型?
(8)按车身的形式和种类,轿车可划分为哪几类?
(9)以车厢类型分类,轿车可划分为哪几类?

方案二:结合实训情景设计,各小组推荐代表进行展示,其他小组结合表1-7,就展示者的仪容、仪表、仪态及汽车总体构造的基本知识进行评分。

汽车总体构造基本知识评分表　　　　表1-7

序号	评分项目	评分标准		分值	得分
1	发动机	安装位置	发动机前置、发动机后置、发动机中置	6	
		类型	按照使用燃料的不同分类	4	
			按照汽缸数及其排列形式不同分类	4	
			按照冷却方式不同分类	4	
			按照工作循环的不同分类	4	
2	底盘	传动系统	发动机前置后轮驱动（FR）	4	
			发动机前置前轮驱动（FF）	4	
			发动机中置后轮驱动（MR）	4	
			发动机后置后轮驱动（RR）	4	
			四轮驱动（4WD）	4	
		行驶系统	主要作用是什么	4	
		转向系统	主要作用是什么	4	
		制动系统	构成及主要作用是什么	4	
3	车身	车身形式和种类	4门轿车	4	
			双门轿跑车	4	
			掀背式轿车	4	
			旅行车	4	
			敞篷车	4	
		以车厢类型分类	三厢车	4	
			两厢车	4	
			单厢车	4	

续上表

序号	评分项目	评分标准	分值	得分
4	电气设备	汽车电源系统由哪几部分组成	4	
		汽车上的用电设备有哪些	4	
		配电装置主要包括哪几部分	6	
合计	综合评语：		100	

课题三 汽车标准配置

汽车标准配置是汽车生产厂家针对一款新推出的车型，在权衡行业同类车型的竞争力后，为该车型配置的基本功能部件。

一、汽车配置简介

进入4S店购车，销售顾问都会送给顾客一份《车型简介》。在《车型简介》的最后一页，附有该车型装备表，该车所有装备列在表格中，这份装备表是日后顾客提车时检查车辆配置的依据。

(一) 部分汽车配置的种类及其功能

1. 操控配置种类及功能简介

作为汽车销售人员，必须熟悉一些常见的用户比较关心的与操控性相关的配置（表1-8），以便指导消费者选择适合自己需求的车用配置。

操控配置种类及功能简介表　　　　表1-8

操控配置	功能简介
ABS（防抱死制动系统）	ABS可防止紧急制动时轮胎抱死，制动距离变长。如果前轮锁死，车辆失去侧向转向力，容易跑偏；如果后轮锁死，后轮将失去侧向抓地力，易发生甩尾
EBD（制动力分配系统）	EBD能在汽车制动瞬间，计算出4个轮胎摩擦力数值，调整制动装置，达到制动力与摩擦力匹配，保证车辆平稳和安全

续上表

操控配置	功能简介
ABD（自动制动差速器）	ABD 的作用是缩短制动距离，与 ABS、EBD 等配合使用。ABD 通过 EBD 在保证车辆不发生侧滑的情况下，允许将制动力加至最大，有效缩短制动距离
EBA/BAS（制动辅助）	EBA 通过驾驶人踩踏制动踏板的速率来理解它的制动行为，时时监控制动踏板的运动；BAS（制动辅助）可显著缩短制动距离
DAC（下坡行车辅助控制）	在分动器位于 L 位置，车速 5～25km/h 并打开 DAC 开关的条件下，可以自动把车速控制在适当水平
EDS（电子差速锁）	用于鉴别汽车车轮是否失去着地摩擦力，从而对汽车的加速打滑进行控制。主要是防止起步和低速时打滑
HAC（坡道起步控制系统）	上坡时驱动力不足，此系统自动施加制动力于车轮，可以帮助驾驶人提高在坡路驾驶时的安全性
ASR/TCS（牵引力控制）	ASR 防止车辆在起步、再加速时驱动轮打滑的现象；TCS 的功能是能够预知轮胎贴地性的极限，提高汽车行驶稳定性、加速性、爬坡能力
ESP/DSC（车身稳定控制）	ESP 通过对从各传感器传来的车辆行驶状态信息进行分析，向 ABS、ASR 发出纠偏指令，来帮助车辆维持动态平衡；DSC 通过对出现滑转趋势的驱动轮进行选择制动来控制驱动轮的滑转状态，从而对车辆起到稳定作用
ABC（车身主动控制）	ABC 使汽车对侧倾、俯仰、横摆、跳动和车身高度都能更加迅速、精确地控制

2. 外观配置种类及功能简介（表 1-9）

现代汽车的外观设计理念，越来越得到汽车设计、制造商的重视，也从不同侧面反映了现代人不同的审美与个性追求。

外观配置种类及功能配置简介　　　　表1-9

外观配置	功能简介	图示
卤素前照灯	在白炽灯中充入卤族元素或卤化物,利用卤钨循环原理消除玻璃壳发黑现象	—
氙气灯	内部充满包括氙气在内的惰性气体混合体,由氙气所产生的白色超强电弧光,可提高光线色温值,亮度是卤素灯3倍,使用寿命比卤素灯泡长10倍	—
轮毂	轮毂是连接车轮和车轴的部分,负责轮胎和车轴之间承受负荷的旋转组件。它担负着承载车重、传递动力、轮胎散热等功能	轮毂
电动天窗	电动天窗安装于车顶,能够有效地使车内空气流通,增加新鲜空气进入。同时天窗可以开阔视野,也常用于移动摄影摄像的拍摄需求。汽车天窗可大致分为:外滑式、内藏式、全景式和窗帘式等	电动天窗

3. 内饰配置种类及功能简介(表1-10)

内饰风格无论是主打温馨舒适,还是豪华大气,现代汽车厂商在内饰配置方面,都增加了许多人性化、科技化的内容,让整车的档次得到提升,以迎合消费者喜好。

内饰配置种类及功能简介　　　　表1-10

内饰配置	功能简介	图示
无钥匙起动系统	通过车主随身携带的智能卡里的芯片感应自动开关门锁。按照使用方法可分为两类:一类是按钮式,也称"一键起动";另一类是旋钮式,直接拧动旋钮即可起动。智能钥匙系统除了方便以外,对车辆防盗、安全性也有很大帮助	无钥匙起动系统

续上表

内饰配置	功能简介	图　　示
多功能转向盘	在转向盘两侧或者下方设置功能键,其优点在于驾驶人可以直接在转向盘上操控车内很多的电子设备,可更专心地注视前方,提高行车的安全性	多功能转向盘
泊车辅助	泊车辅助也就是我们常说的倒车雷达,由超声波传感器(俗称探头)、控制器和显示器(或蜂鸣器)等部分组成,能以声音或者影像显示告知驾驶人周围障碍物的情况,提高驾驶的安全性	—
座椅配置	腰部支撑调节指座椅的腰部支撑可调节性。为缓解长途驾驶的疲劳,部分车型在前排座椅上装有腰部支撑的功能。调节方式分为电动、手动两种	电动腰部支撑调节
	座椅靠背内有多个气压腔,根据事先编写的程序改变气压腔内压力,使座椅椅面随之运动,达到按摩目的	座椅按摩按钮 座椅按摩
	座椅通风分为送风式和吸风式,用风扇向座椅内注入空气,空气从椅面上的小孔中流出,实现通风功能,保持身体与座椅接触面干爽舒适	座椅通风

4. 安全配置种类及功能简介(表1-11)

安全性配置仅仅是安全的辅助配置,行车安全更重要的还是驾驶人的安全意识和安全驾车习惯。因此,销售人员必须帮助消费者尽快了解汽车安全配置的工作原理。

安全配置种类及功能简介　　　　　　表1-11

安全配置	功能简介	图示
安全气囊	当汽车与障碍物碰撞后，称为一次碰撞，乘员与车内构件发生碰撞，称为二次碰撞，气囊在一次碰撞后、二次碰撞前，迅速打开一个充满气体的气垫，使向前冲的乘员不至于撞到转向盘、仪表板或者其他汽车零部件上	安全气囊
车内中控锁	车内中控锁是指设在驾驶座旁边的开关，可以同时控制全车车门关闭与开启	车内中控锁
抬头数字显示仪	抬头数字显示仪又称平视显示系统，它可以把重要的信息，映射在风窗玻璃上的全息半镜上，使驾驶人不必低头，就能看清重要的信息	抬头数字显示仪

（二）关于"标准装备"和"选装装备"

在《车型简介》上，"标准装备"一般是用一个实心圆圈表示，而"选装装备"是以空心圆表示。"标准装备"是指该车出厂就配备的，不需要消费者额外付钱就能得到的，而"选装装备"就要另付钱才能享受。汽车配置表实例见表1-12。

汽车配置表实例　　　　　　表1-12

安全配置	2021款卡罗拉1.2T S-CVT先锋版	2021款卡罗拉1.2T S-CVT精英版	2021款卡罗拉1.2T S-CVT豪华版	2021款卡罗拉双擎1.8L E-CVT先锋版	2021款卡罗拉双擎1.8L E-CVT精英版	2021款卡罗拉双擎1.8L E-CVT旗舰版
ABS防抱死制动系统	●	●	●	●	●	●

续上表

安全配置	2021款卡罗拉1.2T S-CVT先锋版	2021款卡罗拉1.2T S-CVT精英版	2021款卡罗拉1.2T S-CVT豪华版	2021款卡罗拉双擎1.8L E-CVT先锋版	2021款卡罗拉双擎1.8L E-CVT精英版	2021款卡罗拉双擎1.8L E-CVT旗舰版
制动力分配（EBD/CBD等）	●	●	●	●	●	●
制动辅助（EBA/BAS/BA等）	●	●	●	●	●	●
道路交通标识识别	—	—	—	—	—	—
疲劳驾驶提示	—	—	—	—	—	—

二、实训情景设计

(1)一位事业有成的中年私营企业主来店购车,作为销售顾问,请你结合本课所学,为其介绍汽车配置相关知识,并推荐一套符合其身份的汽车配置。

(2)顾客来店提车,作为销售顾问,请你与顾客共同检查汽车配置表内配置情况,并为顾客演示讲解相关配置功能。分小组设计一个情景,现场展示。

三、检查评价

方案一:教师以知识问答的形式进行提问检查。

(1)请分别列举出本课所学汽车操控配置、外观配置、内饰配置、安全配置、座椅配置、多媒体配置的种类及其功能,每答对一项加5分。

(2)分组请同学上台介绍汽车配置,其他小组结合表1-13给展示同学评分。

(3)结合实车,分组进行汽车配置功能介绍演练。

方案二:结合实训情景设计,各小组推荐代表进行展示,其他小组结合表1-13,就展示者的礼仪、对汽车配置的熟悉程度、介绍话术等进行评分。

汽车配置知识评分表　　　　　　表1-13

序号	评分项目	评分标准		分值	得分
1	操控配置	ABS功能叙述准确、表达流畅		5	
		EBD功能叙述准确、表达流畅		5	
		ABD功能叙述准确、表达流畅		5	
		EBA/BAS功能叙述准确、表达流畅		5	
		DAC功能叙述准确、表达流畅		5	
		HAC功能叙述准确、表达流畅		5	
		ASR/TCS功能叙述准确、表达流畅		5	
		ESP/DSC功能叙述准确、表达流畅		5	
		ABC功能叙述准确、表达流畅		5	
2	外观配置	卤素前照灯功能叙述准确、表达流畅		4	
		氙气灯功能叙述准确、表达流畅		4	
		轮毂功能叙述准确、表达流畅		4	
		电动天窗功能叙述准确、表达流畅		4	
3	内饰配置	无钥匙起动系统功能叙述准确、表达流畅		4	
		多功能转向盘功能叙述准确、表达流畅		4	
		泊车辅助功能叙述准确、表达流畅		4	
		座椅配置	腰部支撑调节功能叙述准确、表达流畅	4	
			座椅按摩功能叙述准确、表达流畅	4	
			座椅通风功能叙述准确、表达流畅	4	

项目一 汽车产品的推荐与介绍

续上表

序号	评分项目	评分标准	分值	得分
4	安全配置	安全气囊功能叙述准确、表达流畅	5	
		车内中控锁功能叙述准确、表达流畅	5	
		抬头数字显示仪功能叙述准确、表达流畅	5	
合计	综合评语:		100	

课题四 汽车外观、车厢内部主要构件及特征

汽车销售人员不仅要熟悉汽车外观、车厢内部主要构件的组成,还应该能熟练介绍相关部件特征或掌握其操作功能,才能更好地为顾客提供满意的服务。

一、汽车外观、车厢内部主要构件及特征概述

(一)常用汽车外观尺寸数据、主要构件及特征

1.汽车销售中常用的汽车外观尺寸数据(表1-14)

汽车外观尺寸数据　　　　　表1-14

常用数据	概念描述	示例图片
全长、轴距	全长:汽车最前端至最尾端的总长度,即前保险杠前缘至后保险杠后缘的长度。 轴距:前轮中心点至后轮中心点之间的距离。轴距越长,乘坐空间越大,但也因此转弯半径会扩大,行车机动灵活性受影响	

续上表

常用数据	概念描述	示例图片
全宽	汽车板件最宽尺寸(不含左右后视镜)	
全高、轮距	全高:汽车最大高度尺寸(不含天线)。 轮距:左右轮胎贴地面的中心点之间的水平距离,通常前轮距与后轮距尺寸有少许差异,轮距越宽,行车稳定性越佳,乘坐舒适也相对提升,特别对转弯的操控稳定性帮助更大	
最小离地间隙	地面至车辆底盘最低点的距离。距地面越低,重心越低,行驶转弯稳定性越好,但得提防不良路面或凸起的障碍物撞击,以免造成机构的损伤	

2. 汽车车身外观主要构成部件及特征(表1-15)

汽车外观主要构成部件及特征 表1-15

车身外观主要构件	主要功能或特征	示例图片
(1)轿车前部外观主要构件	主要由前翼子板、保险杠、车灯、前风窗玻璃等构件组成。 前翼子板:主要由前翼子板外板、前翼子板内板、翼子板衬板及翼子板防擦装饰条等组成。部分轿车还装有翼子板轮口装饰条。 前保险杠:主要部件一般由非金属面罩与金属加强筋相连而成,起到装饰、防护作用。	

续上表

车身外观主要构件	主要功能或特征	示 例 图 片
(1)轿车前部外观主要构件	发动机舱盖:是发动机舱的维护盖板。主要由发动机罩、发动机隔热垫、发动机舱盖铰链、发动机舱盖支撑杆、发动机舱盖锁、发动机舱盖锁开启拉索、发动机舱盖密封条等零件组成,对其要求是隔热隔音、自身质量轻、刚性强。发动机舱盖开启时一般是向后翻转,也有小部分是向前翻转。发动机舱盖前端有保险锁钩锁止装置,锁止装置开关设置在车厢仪表板下面,当车门锁住时发动机舱盖也同时锁住	发动机刮水器 前翼子板 舱盖 前保险杠 轿车前部外观主要构件
(2)轿车中部主要构件	轿车中部主要部件由车门、侧体门框、门槛及沿周采用高强度钢制成的抗弯曲能力较高的箱型断面组成。车身侧体框架的中柱、边框、车顶边梁、侧体下边梁等结构件也采用封闭型断面结构。 中间车身的立柱起着支撑风窗和车顶的作用,一般下部做得粗大,上部截面尺寸需要考虑驾驶视野而缩小。立柱包括前柱(A柱)、中柱(B柱)与后柱(C柱)三种。 立柱、门槛板、地板:立柱、门槛板是构成车身侧框架的钣金结构件,是车身非常重要的支撑件。	前立柱 后立柱 中立柱 地板 门槛板 立柱、门槛板、地板位置及车身加强件 天窗 车顶 车顶

续上表

车身外观主要构件	主要功能或特征	示例图片
（2）轿车中部主要构件	车顶：是指车身车厢顶部的盖板，其上可能装备有天窗、换气窗或天线等。车顶主要由车顶板、车顶内衬、横梁等组成，有的车型还备有车顶行李架。 车门及附件：主要包括车门板（车门外板和车门内板）、车门内饰板、车门密封条、车门铰链（一般包括车门上铰链、下铰链）、车门锁总成等零件。	行李舱盖、后翼子板、后车灯、雾灯、行李舱
（3）轿车后部主要构件	轿车后车身是用于放置物品的部分，可以说是中间车身侧体的延长部分。三厢车的乘客室与行李舱是分开的；两厢车的行李舱则与乘客室合二为一。 后侧板：遮盖后车轮及后侧车身的车身板。主要包括后侧板外板、后侧板内板、后立柱、侧板内饰及轮罩板等零件。 后保险杠：起到装饰、防护车辆后部零件的作用。包括保险杠外皮、保险杠杠体、保险杠加强件、保险杠固定支架等	车标、后侧板、后保险杠 后车身

3. 汽车外部主要装饰件及特征（表1-16）

汽车外部主要装饰件及特征 表1-16

汽车外部主要装饰件	主要功能或特征	示例图片
装饰条	用于车内外个性装修、装饰。主要由密实胶基体和海绵泡管组成。密实胶内含有金属骨架，加强定型海绵泡压变形、卸压反弹的功能，保证关门时的密封作用。此外，唇边部分有装饰作用。具有防水、防尘、隔音、隔温、减振作用	装饰效果
车轮装饰罩	装饰轮胎，保护钢圈，使汽车看起来美观	
车标	车辆厂家品牌标志	
车灯	除照明及指示作用，也起到装饰作用	外部主要装饰件
汽车进气格栅	也称汽车前脸、散热器护罩等。其主要作用在于散热器、发动机、空调等的进气通风，防止行驶中外来物对车厢内部部件的破坏及美观、彰显个性等	

（二）汽车内部主要构成部件及特征

1. 内部前排空间主要构件及图示（表1-17）

汽车内部前排主要构件及示例图片 表1-17

前排完整内饰	中控台

续上表

 转向盘	 仪表盘
 前照灯开关	 前照灯调节键
 刮水器开关	 空调控制键
 中控台音响控制键	 12V电源接口
 变速器操纵杆和驻车制动器操纵杆	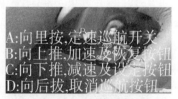 A:向里按,定速巡航开关 B:向上推,加速及恢复按钮 C:向下推,减速及设定按钮 D:向后拨,取消巡航按钮 定速巡航操控按钮

续上表

 天窗控制开关	 后视镜控制键
 电动窗控制键	 车内行李舱、加油口盖开启键
 离合器、制动及加速踏板	 座椅调节键

2. 内部后排空间主要构件及图示(表1-18)

汽车内部后排主要构件及示例图片　　　　表1-18

 后排门把手、锁扣及电动窗开关	 儿童锁
 后座靠背放倒	 后排座椅

3. 行李舱布局(表1-19)

行李舱布局及图示　　　　表1-19

行李舱	备胎及随车工具

二、实训情景设计

(1)客户为男性,35岁,某银行主管,小孩3岁。他第一次到店,没有确定购车目标,购车用于上下班及接送小孩,对产品外观、安全性、舒适性比较在意。请根据以上信息设计一个外观及内饰介绍,向客户推介一辆卡罗拉。

(2)请运用本课题所学汽车外观及内饰知识,分小组设计一个情景,现场展示。

三、检查评价

方案一:师生、同学或小组间以知识问答的形式,结合检查表进行提问检查。
(1)汽车销售中常用的汽车外观尺寸数据分别有哪些?
(2)请叙述汽车车身外观主要构成部件及特征。
(3)请叙述汽车内部主要构成部件及特征。

方案二:结合实训情景设计,各小组推荐代表进行展示,其他小组结合表1-20,就展示者的仪容、仪表、仪态及对汽车外观尺寸数据、汽车外观主要构成部件及特征、汽车内部主要构成部件及特征的掌握程度进行评分。

汽车外观尺寸数据、汽车外观、汽车内部主要构成　　　表1-20
部件及特征评分表

序号	评分项目	评分标准	分值	得分
1	汽车外观尺寸数据	全长:概念清楚,叙述准确、流利	2	
		轴距:概念清楚,叙述准确、流利	2	
		全宽:概念清楚,叙述准确、流利	2	
		全高:概念清楚,叙述准确、流利	2	
		轮距:概念清楚,叙述准确、流利	2	
		最小离地间隙:概念清楚,叙述准确、流利	2	

续上表

序号	评分项目	评分标准		分值	得分
2	汽车外观主要构成部件及特征	轿车前部主要构件	前保险杠:指示位置准确,态度自然	2	
			前翼子板:指示位置准确,态度自然	2	
			发动机罩:指示位置准确,态度自然	2	
		轿车中部主要构件	前柱(A柱)、中柱(B柱)、后柱(C柱)、门槛板、地板:指示位置准确,表述态度自然	2	
			车顶:指示位置准确,表述态度自然	2	
			车门及附件:指示位置准确,表述态度自然	2	
		轿车后部主要构件	后侧板:指示位置准确,表述态度自然	2	
			后保险杠:指示位置准确,表述态度自然	2	
			装饰条:指示位置准确,表述态度自然	2	
		轿车外部主要装饰件	车轮装饰罩:指示位置准确,表述态度自然	2	
			车标:指示位置准确,表述态度自然	2	

续上表

序号	评分项目	评分标准	分值	得分
3	汽车内部前排主要构件	中控台:指示位置准确,介绍态度自然	3	
		转向盘:指示位置准确,介绍态度自然	3	
		仪表盘:指示位置准确,介绍态度自然	3	
		前照灯开关:指示位置准确,介绍、操作熟练	3	
		前照灯调节键:指示位置准确,介绍、操作熟练	3	
		刮水器开关:指示位置准确,介绍、操作熟练	3	
		空调控制键:指示位置准确,介绍、操作熟练	3	
		中控台音响控制键:指示位置准确,介绍、操作熟练	3	
		12V电源接口:指示位置准确,介绍、操作熟练	3	
		变速器操纵杆和驻车制动器操纵杆:指示位置准确,介绍、操作熟练	3	
		天窗控制开关:指示位置准确,介绍、操作熟练	3	
		后视镜控制键:指示位置准确,介绍、操作熟练	3	
		电动窗控制键:指示位置准确,介绍、操作熟练	3	

续上表

序号	评分项目	评分标准	分值	得分
3	汽车内部前排主要构件	车内行李舱、加油口盖开启键：指示位置准确，介绍、操作熟练	3	
		座椅调节键：指示位置准确，介绍、操作熟练	3	
		离合器、制动及加速踏板：指示位置准确，介绍态度熟练	3	
		儿童锁：指示位置准确，介绍、操作熟练	3	
		后排座椅：指示位置准确，介绍、操作熟练	3	
		后排门把手、锁扣及电动窗开关：指示位置准确，介绍、操作熟练	3	
4	汽车内部行李舱布局	行李舱：指示位置准确，介绍、操作熟练	3	
		备胎：指示位置准确，介绍、操作熟练	3	
		随车工具：指示位置准确，介绍、操作熟练	3	
合计	综合评语：		100	

课题五　汽车附件及其功能

一、部分汽车附件及其功能

1. 汽车电子、电器产品附件及其功能

汽车电子电器产品最重要的作用是提高汽车的安全性、舒适性、经济性和娱乐性。以下列举的是部分电子产品及其功能，见表1-21。

部分汽车电子、电器产品附件及其功能　　　表1-21

产品及其功能	示例图片
车载导航仪:也称为车载卫星定位系统(GPS),主要由主机、显示屏、操作键盘(遥控器)和天线组成。 主要功能:画面导航功能、语音导航功能、线路规划功能、增加兴趣点功能、定位功能、测速功能、轨迹记录功能、预警功能、信息查询功能、话务指挥功能、节能助手功能等	 导航界面
车载主机:是车载影音系统的核心部分。主机的信号源主要有:收音(FM/AM)、磁带、蓝牙、CMMB数字电视、MP5、CD、VCD、DVD和MP3等。 主要功能:播放信号源	 车载主机
车载显示设备:是指汽车内的显示屏。 主要功能:播放节目。此外,连接后视雷达后可以在倒车时自动显示汽车背后的景物;还可带有小音箱、小照明灯、简单的功放、电视接收、音频输出等功能	 车载显示设备
车载冰箱:具有便携式特点,插在汽车点烟器上,可实现家用冰箱功能。 主要功能:冷藏、保温或加热功能	 车载冰箱

续上表

产品及其功能	示 例 图 片
车载电话系统:可与驾驶人自有手机匹配,采用固定电源,附件一般包括外置天线、分体式麦克风,备有接收设备,当使用电话时能自动触动收音机静音开关,挂断后收音机自动回复到播放状态。 主要功能:实现"上车是车载,下车是手机"的理念	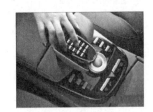 车载电话
车载电脑:专用汽车信息化产品。 主要功能:全智能人机界面、智能GPS定位导航、多媒体娱乐、车载视频采集(DVR)、车载智能电源管理、无线上网、移动通信、倒车后视功能、故障检测、安全防盗等功能	 车载电脑
车载烧水壶:设有自动电压保护装置,当水烧开时,电源会自动关断。固定支架和双壶盖可有效防止车在颠簸时水溢出。 主要功能:烧开水、保温、饮水杯	 车载烧水壶
车载空气净化器,利用高效负离子发生器,能在瞬间产生丰富的负氧离子和活性氧,营造大自然气息。 主要功能:净化空气,消除车内的细菌、病毒、尘螨,消除烟味、臭味和其他异味	 车载空气净化器
车载按摩腰靠:采用超弹性透气网材质制成。造型上,紧密贴合腰部,并且可以很好地环绕腰部设计,让腰部压力得以分散,保证腰部压力平衡,四季通用。 主要功能:按摩,腰部加热,减轻腰背部疲劳和肌肉紧张	 车载按摩腰靠

续上表

产品及其功能	示例图片
车载充电器:数码相机、笔记本、手机,一个都不能少,每个都是用电大户,MIG车载系列通过高低压保护、低压报警、过热保护、输出过载保护、输出短路保护、ESD(静电放电)安全保护6大系统功能的保护,确保了车上电器装备的正常使用。 主要功能:给用电设备充电	 车载充电器

2. 部分汽车安全附件及其功能(表1-22)

部分汽车安全附件及其功能　　　　　表1-22

产品及其功能	示例图片
汽车转向盘锁:精钢构造,特殊热处理、美观坚固、防敲打;精密电脑编码锁芯,确保安全;新型实用,自动锁合,方便快捷;适合各型小轿车使用;特别设计,不受限于转向盘尺寸,方便收藏 主要功能:防盗	 汽车转向盘锁
多功能车用救生锤:榔头,遇事故时打碎玻璃逃生;内嵌式刀片,遇事故时割断安全带逃生;发光二极管,起报警作用;电源线组,由汽车电源供电,持续照明。 主要功能多功能救生用品	 多功能车用救生锤
车用专业救援工具箱:内附有蓄电池搭线、应急手电、拖车绳、绝缘手套,是驾车遇见紧急情况时的好帮手。 主要功能:紧急救援	 救援工具箱

项目一 汽车产品的推荐与介绍

续上表

产品及其功能	示例图片
儿童安全座椅:设计有专业侧边保护及头部保护系统。利用符合人体工程学的防振材料,头枕高度可调节,安全透气。 主要功能:确保儿童乘坐安全	儿童安全座椅

3. 部分汽车美容养护用品及其功能(表1-23)

汽车美容养护用品　　　　　　表1-23

产品及其功能	示例图片
机油:对于保证发动机正常的工作起到至关重要的作用。随着发动机工作时间的增加,发动机机油由于高温氧化、机械零件的磨损物、燃油蒸气腐蚀等因素的影响而受到污染。另外,发动机机油在正常使用中还要有一定的消耗量。所以我们要定期检查机油的液位和其受污染的程度,定期更换机油。 主要功能:冷却、润滑、清洁和密封	机油
防冻液:它具有沸点高、冰点低的特点。防冻液内还含有添加剂以防止腐蚀,防止产生泡沫等。防冻液有效使用期多为2年。储液罐的液面高度保持在"MAXT"位置方合格。 主要功能:对冷却系统部件起到防腐保护作用;防止水垢,避免降低散热器的散热作用;保证发动机在正常温度范围之内能工作	防冻液

续上表

产品及其功能	示例图片
燃油添加剂:为了弥补燃油在某些性质上的缺陷并赋予燃油一些新的优良特性,在燃油中要加入的功能性物质。大致有4类:燃油清洁剂、燃油抗爆剂、动力燃油催化剂、柴油抗冻剂。 主要功能:清除积炭,清洁燃油系统;增强动力性能;改善雾化,节省燃油;防腐、防锈、润滑,保护发动机;降低噪声,减少磨损,延长发动机寿命;消除黑烟,降低排放	 燃油添加剂
车蜡:是传统的汽车漆面保养物。主要成分是聚乙烯乳液或硅酮类高分子化合物,并含有油脂成分。按其物理状态不同可分为固体蜡和液体蜡两种。按其作用不同,可分为防水蜡、防高温蜡、防静电蜡及防紫外线蜡多种。车蜡按其主要功能分为上光蜡和抛光研磨蜡两种。 主要功能:上光保护、清除浅划痕、橘纹、填平细小针孔、防水、防高温、防静电、防紫外线等	 打蜡

4.部分汽车饰品及其功能(表1-24)

部分汽车饰品及其功能　　　　　　　表1-24

产品及其功能	示例图片
车贴客:通过静电技术吸附在汽车前风窗玻璃上的标志静电贴,可将静电贴片直接吸附在玻璃上,随后可将车辆年检、强制险等车用标志粘贴在静电贴片上,避免了更换标志带来清洁烦恼。 主要功能:保护汽车前风窗玻璃或太阳膜	 车贴客

续上表

产品及其功能	示例图片
实心金属贴:将其粘贴在车漆表面的任何地方,如发动机舱盖、灯罩、车门、车尾等,彰显个性。 　主要功能:个性装饰	 实心金属贴
汽车家居空气净化除味摆饰竹炭包:利用竹炭的远红外线温室效果产生负离子和超强的吸附作用,在汽车内做装饰用品,还是一件相当不错的布艺玩具。 　主要功能:车载家居新潮摆饰用品,吸附异味,净化空气	 空气净化包
车用安全带静音扣:当无须系安全带时,达到消除自动报警提示音的烦恼,方便快捷。 　主要功能:消除警报提示音,独特散发香薰工艺处理,清香怡人	 汽车安全带静音扣
车载防滑垫:通常是用高分子材料做成,底部平坦,因为高分子吸附性能力强,能起到防滑作用。 　主要功能:可随意剪裁,防滑效果出色	 车载防滑垫
甲醛净化剂:采用独特基因反应,高效快速捕捉降解车内空气中的甲醛分子,高浓持久配方,对汽车的内饰以及其他装饰材料释放的甲醛具有消除率高、去除速度快的特点。水性含香环保配方具有高度活性,对人体安全,且能持久发生效用,保持空气清新芬芳。 　主要功能:清新空气,抗菌	 空气清新净化剂、香片座

续上表

产品及其功能	示例图片
手机架(座):采用双面胶固定,支架和主体分别用大小两块双面胶固定在想固定的任何地方。 主要功能:放置手机、导航、MP4等,还可以放置照片、明信片等	手机架(座)

二、实训情景设计

(1)客户为男性,35岁,IT行业主管,小孩3岁,买了一辆凯越用于上下班及接送小孩,对产品品质和价格比较在意。请根据以上信息设计一个附件套装,价值5000元,推荐给客户(价格网上查询)。

(2)客户为外资企业,购买了一辆别克昂科旗,专为接送公司重要客户,比较在意车辆的安全性和舒适性,对价格不是很敏感。请根据提示信息设计一个附件套装,价值20000元,推荐给客户。

(3)客户为女性,著名时尚杂志编辑,购买了一辆雪佛兰科鲁兹,对车辆的外形及舒适性比较在意,注重生活品质。请根据以上信息设计一个附件套装,价值10000元,推荐给客户。

(4)请运用本课题所学汽车附件知识,分小组设计一个情景,现场展示。

三、检查评价

方案一:师生、同学或小组间以知识问答的形式,结合检查表进行提问检查。

(1)什么是汽车附件?一般分为哪些种类?

(2)请列举各种汽车附件的用途及功能。

方案二:结合实训情景设计,各小组推荐代表进行展示,其他小组结合表1-25,就展示者的仪容、仪表、仪态及对汽车附件及其功能的掌握程度进行评分。

汽车附件及其功能评分表 表1-25

序号	评分项目	评分标准	分值	得分
1	汽车附件概念	叙述准确、流利	5	
2	部分汽车电子、电器产品附件及其功能	对车载导航仪(GPS)及其功能准确认知,叙述流利	5	
		对车载主机及其功能准确认知,叙述流利	5	
		对车载显示设备及其功能准确认知,叙述流利	5	
		对车载冰箱及其功能准确认知,叙述流利	5	
		对车载电话及其功能准确认知,叙述流利	5	
		对车载电脑及其功能准确认知,叙述流利	5	
		对智能型车载恒温加热坐垫及其功能准确认知,叙述流利	4	
		对车载烧水壶及其功能准确认知,叙述流利	4	
		对车载空气净化器及其功能准确认知,叙述流利	4	
		对车载按摩腰靠及其功能准确认知,叙述流利	4	
		对车载充电器及其功能准确认知,叙述流利	4	

续上表

序号	评分项目	评分标准	分值	得分
3	部分汽车安全附件及其功能	对汽车转向盘锁及其功能准确认知,叙述流利	3	
		能准确介绍多功能车用救生锤,叙述流利	3	
		能准确介绍救援工具箱功能,叙述流利	3	
		能准确介绍儿童安全座椅使用方法,叙述流利	3	
4	部分汽车美容养护用品及其功能	能准确介绍发动机机油功能及更换必要性,叙述流利	3	
		能准确介绍防冻液功能及更换必要性,叙述流利	3	
		能准确介绍燃油添加剂功能,叙述流利	3	
		能准确介绍车蜡功能,叙述流利	3	
5	部分汽车饰品及其功能	推介车贴客态度自然,表达流畅	3	
		推介实心金属贴态度自然,表达流畅	3	
		推介空气净化竹炭包态度自然,表达流畅	3	
		推介车载防滑垫态度自然,表达流畅	4	
		推介空气清新净化剂态度自然,表达流畅	4	
		推介手机架(座)态度自然,表达流畅	4	
合计	综合评语:		100	

项目二　汽车销售

📝 项目描述

没有规矩，不成方圆，汽车销售人员在销售工作中必须遵循一定的标准和规则。本项目主要内容是介绍汽车销售人员在汽车销售过程中，需要遵循的工作流程、工作规范和要求，应熟练掌握，灵活运用。

该项目重在技能操作，主要考查汽车销售人员在待人接物上的基本礼仪、基本的销售工作流程、面对顾客异议的处理方式和方法及我国汽车销售渠道的主要模式和特点。

知识目标

（1）能说出我国汽车销售渠道的主要模式及特点；
（2）熟知汽车销售人员应具备的职业形象、礼仪规范并能够准确描述、正确操作。

技能目标

（1）熟练掌握汽车销售流程及操作技巧，并能够进行客户接待及简单的汽车介绍；
（2）了解顾客异议处置技巧，学会根据情况灵活处置；
（3）能够利用网络进行汽车商务信息查询。

素养目标

培养团队协作意识、与人沟通能力及自动化办公设备运用、信息库应用能力。

建议课时

30课时。

课题一　汽车销售人员的基本礼仪

一、汽车销售人员的基本礼仪

汽车销售人员的基本礼仪,包含仪容、仪表、仪态。卫生、整洁的仪容,得体、端庄的仪表,大方、典雅的仪态能获得顾客好感,给顾客留下良好的第一印象。

1. 汽车销售人员的仪容标准

汽车销售人员的仪容标准见表2-1。

汽车销售人员仪容标准　　　　　　　　　　　表2-1

仪容	标　　准
整体	整齐清洁,自然,大方得体,精神奕奕,充满活力
头发	头发整齐、清洁,不可染色,不得披头散发。短发前不及眉,旁不及耳,后不及衣领,长发刘海不过眉,过肩要扎起(使用公司统一发夹,用发网网住,夹于脑后),不得使用夸张耀眼的发夹
耳饰	只可戴小耳环(无坠),颜色清淡
面容	精神饱满,表情自然,不带个人情绪。女士面着淡妆,不用有浓烈气味的化妆品,不可用颜色夸张的口红、眼影、唇线;口红脱落,要及时补妆。男士胡须必须刮干净
眼睛	保持眼部健康清洁,没有眼屎、眼袋、黑眼圈和红血丝。女士化妆不要有渗出的眼线、睫毛液
口腔	早晚刷牙,饭后漱口,保持牙齿清洁,无食品残留物、无异味。不能当着客人面嚼口香糖
手	不留长指甲,指甲长度以不超过手指头为标准,不准涂有色指甲油,经常保持清洁
身体	勤洗澡,勤洗脸,勤换衣,保持脖、颈、手、足、耳及耳后、腋下等干净无异味,不得使用浓烈香味的香水

项目二 汽车销售

2. 汽车销售人员的仪表标准

汽车销售人员的仪表标准,女士如图2-1所示,男士如图2-2所示。

干净、梳理有型的头发
- 发帘尽量不要遮住眼睛(给人的印象不清晰)
- 与别人寒暄或给客人上茶时头发可能会影响,因此,留长发的女士要用卡子或丝带扎住头发

整洁清新的工作装束
- 经常穿马甲
- 避免穿T恤衫(因为恤衫本来是内衣,所以有人觉得不好)
- 衬衣避免鲜艳的颜色

不花俏的饰物
- 在工作场合尽量避免戴太大的耳环、扎眼的戒指、项链、手镯

精心修整的指甲
- 指甲不要留得过长
- 指甲油避免鲜艳的颜色,选择透明的指甲油比较好
- 给客人上茶或递文件时,手总是会被关注到的

接近肤色的长筒袜
- 避免穿短袜(裙装)
- 袜面无破损

擦干净的鞋
- 鞋跟在5cm以下比较安全

图2-1 汽车销售顾问仪容仪表(女士)

3. 汽车销售人员的仪态标准

汽车销售人员的仪态标准见表2-2。

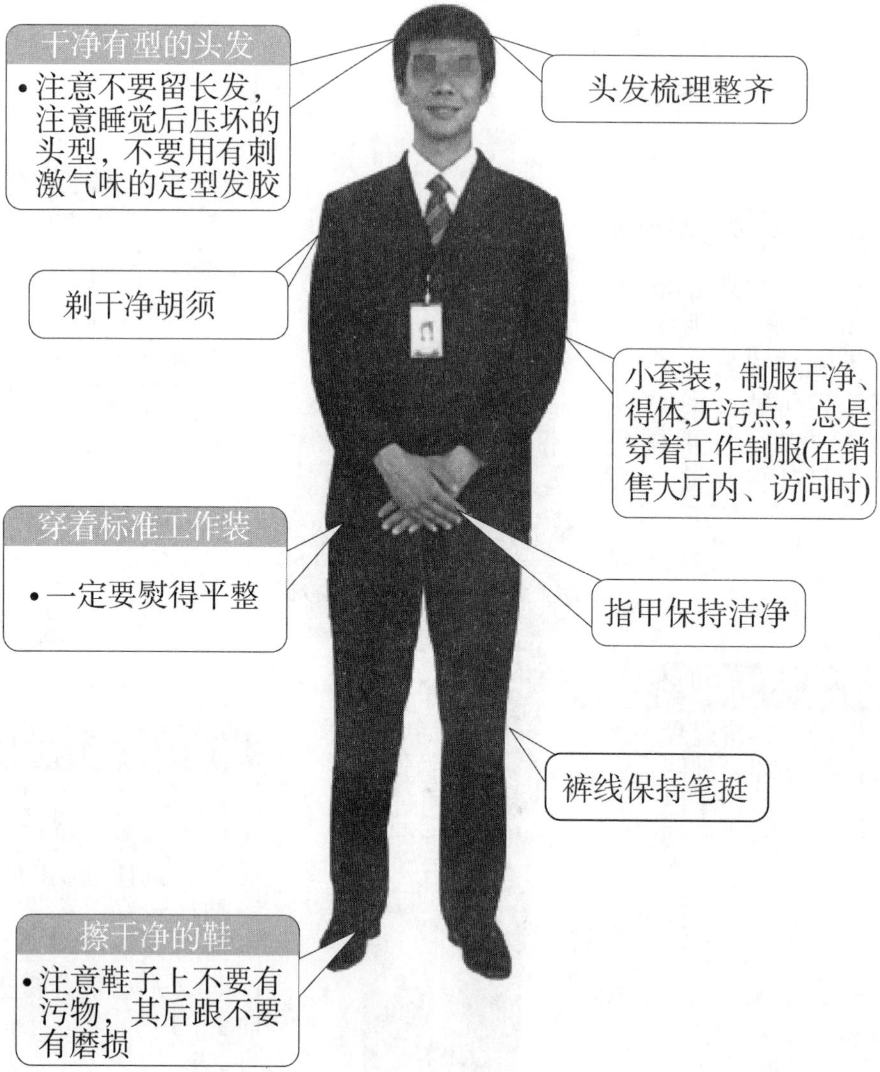

干净有型的头发
- 注意不要留长发，注意睡觉后压坏的头型，不要用有刺激气味的定型发胶

头发梳理整齐

剃干净胡须

小套装，制服干净、得体，无污点，总是穿着工作制服(在销售大厅内、访问时)

穿着标准工作装
- 一定要熨得平整

指甲保持洁净

裤线保持笔挺

擦干净的鞋
- 注意鞋子上不要有污物，其后跟不要有磨损

图 2-2　汽车销售顾问仪容仪表(男士)

汽车销售人员的仪态标准　　　　　　　　　表 2-2

仪　态	仪态标准	图　例
站姿	两肩放松，气息下沉，自然呼吸。身体挺立，抬头挺胸，下颌微收，双目平视前方。双手交叉，放在身前，右手搭在左手上。 男士：两脚开立，与肩等宽。女士：脚跟并拢，双脚呈 45°～60°"V"字形夹角	

续上表

仪 态	仪态标准	图 例
坐姿	身体重心垂直向下,腰部挺起,上体保持正直,头部保持平衡,两眼平视,下颌微收,双掌自然地放在膝头或者座椅的扶手上。 男士:上身挺直,两腿分开,不超肩宽,两脚平行。女士:双腿并拢,两腿同时向左或向右放,两手相叠后放在左腿或右腿上,也可两脚交叉,置于一侧	
行姿	起步时,上身略向前倾,身体重心落在脚掌前部,两腿跟走在一条直线上,脚尖偏离中心线约10°。双肩端平,目光平视,下颌微收,面带微笑,手臂自然伸直放松,手指自然弯曲,两臂与双腿成反相位自然交替甩动,摆幅度以30°~35°为宜。步伐协调稳健,速度适中	
蹲姿	下蹲时,左脚在前,右脚在后向下蹲去,双腿合力支撑身体。 男士:一般采用高低式蹲姿。 女士:一般采用交叉式蹲姿,注意双腿并拢。女士着裙装时,下蹲前应事先整理裙摆	
握手礼	握手顺序遵循尊者优先先伸手的原则。握手时间一般在2~3s,轻轻摇动1~3下。握手力度不宜过猛或毫无力度。要注视对方并面带微笑。保持手部干爽清洁,与顾客握手时不能戴手套。 基本话术:"××先生,您来啦,欢迎欢迎,车子用得还好吗?""初次见面,请多多关照!"	

续上表

仪态	仪态标准	图例
鞠躬礼	鞠躬礼可广泛运用于接待服务的各个环节。面带微笑,神态自然站立。行礼时,以标准站姿站立(或按标准走姿行走时适当减缓一下速度),面带微笑,头部自然下垂,带动上身前倾,呈15°角。 基本话术:"您好,欢迎光临。""您的茶,请慢用。""感谢您的光临,欢迎下次再来。"	
名片礼	递送名片时,面带微笑,稍欠身,将名片正面对着对方,用双手的拇指和食指分别捏住名片上端的两角递送给对方。接受名片时须点头表示感谢,以同样的方式递出自己的名片,仔细阅读名片上的内容,并妥善保管。 基本话术:递送名片时说:"您好,我是××店的销售顾问××,您可以叫我小××,这是我的名片,请多关照。"接受名片时说:"您是××,××工程师,幸会幸会。"	
奉茶礼	顾客落座后,询问顾客所需饮料的种类;递送时,按逆时针方向,将饮料放在顾客右手边,若同一桌上有不同的饮料品种,分发前应先确认;递杯子时切忌不能碰到杯口;要注意奉茶的顺序,先老后少,先女士后男士。 基本话术:"我去为您准备饮料,我们这里有××,您想喝点什么呢?""让您久等了。"	

续上表

仪　态	仪态标准	图　例
走廊楼梯间礼仪	不要站在走廊、楼梯间长时间谈话或者声音过大影响到顾客；与顾客或上级擦肩而过时，要主动靠向墙壁一侧，让出通道，并行鞠躬礼；上下楼梯时，应热情主动为顾客进行引导；如遇到似乎迷路的顾客，应主动应对。 　　基本话术："经理室在二楼，请跟我来。""楼道陡，请注意脚下。"	
引导礼	指引顾客方向或指示物品的时候，手臂应自然伸出，手心向上，四指并拢。出手的位置根据与顾客所处的位置而定。 　　引导顾客进入展厅时，走在顾客的斜前方，与顾客保持一致步调，先将店门打开，请顾客进入店内，如果经销店不是自动门，则用左手向展厅外方向拉开店门，请顾客先进入展厅，并鞠躬示意。 　　引导顾客进入展车时，走在顾客的斜前方，与顾客保持一致步调，并为顾客拉开展车车门，请顾客进入内。 　　基本话术："这边请。""您请跟我来。""您请进。""您请坐到车里面感受一下。""您请看这里。"	

续上表

仪　态	仪态标准	图　例
自我介绍礼仪	态度亲切、随和,言简意赅。介绍内容一般为本人姓名、供职单位及具体部门、担任职务和所从事的具体工作;介绍时应先向对方点头致意,得到回应再向对方介绍自己。 　　基本话术:"您好,我是这里的销售顾问××,您叫我小××好了。""我在这里已经工作两年多,今天非常高兴能够为您服务。"	
介绍他人礼仪	介绍他人主要内容包含:姓名、供职单位及具体部门、担任职务和所从事的具体工作,按尊者优先了解原则进行介绍。介绍他人,要先向双方打声招呼,让被介绍双方都有所准备。 　　基本话术:"××先生,这位是我们的销售部××经理。""××经理,这位是××先生。"	
递送物品礼仪	双手递送,资料正面朝上,并对资料内容进行简单说明;如果有必要,帮助顾客找到其关心的页面,并作指引;如果是交递锋利和尖锐的物品,将锋利和尖锐部位面朝自己。 　　基本话术:"这是××资料,请您过目。""请在客户栏签字,谢谢。"	

续上表

仪 态	仪态标准	图 例
赠送及接受礼物礼仪	双手递送,点头示意;目光亲切,说出致谢的话语,微笑着递送物品。 双手接过礼物,对顾客表示感谢,同时妥善放置礼物。 基本话术:"非常感谢您对我们工作的支持,这是我们的一点心意,请您一定收下。""您真是太客气了,非常感谢!"	
电话礼仪	电话铃响3次内应接听电话,姿势端正,准备好纸笔,根据需要随时做好记录。面带微笑,声音明快、亲切;来电人姓名、联系方式、转告内容都要详细记录并确认。投诉电话要耐心倾听、合理解答、及时反馈。 基本话术:"早上好,我是××的销售顾问××,很高兴为您服务。""非常抱歉,他在开会,如果可以的话,我来转告他好吗?"	

二、实训情景设计

(1)作为初次上班的销售顾问,请在售前准备阶段检查自己的仪容、仪表、仪态是否符合礼仪规范。

(2)顾客初次来店,请运用本课题所学礼仪知识,分组设计一个情景,现场展示。

三、检查评价

方案一:教师以知识问答的形式进行提问检查。

(1)请列举出汽车销售顾问仪容、仪表、仪态的相关标准,每答对一项加5分。

(2)分组请同学上台展示汽车销售顾问的标准仪态,其他小组结合表2-3给展示同学评分。

方案二:结合实训情景设计,各小组推荐代表进行表演展示,其他小组结合表2-3~表2-5就表演者的仪态及汽车销售人员的基本礼仪等进行评分。

仪态项目评分表　　　　　　　　　　　　　　表2-3

序号	评分项目	评分标准	分值	得分
1	站姿	(1)头正	5	
		(2)肩平	5	
		(3)躯挺	5	
		(4)挺胸收腹	5	
		(5)男:双手相握于腹前、握于身后或垂于身体两侧; 女:双手相搭放于小腹上	5	
		(6)男:双脚打开与肩同宽; 女:脚位V字或T字步	5	
2	坐姿	(1)头正,身直,双目平视	5	
		(2)肩平,挺胸收腹,上身微微前倾,不倚靠座椅的背部	5	
		(3)座椅面2/3或3/4	5	
		(4)男:双手自然地放于两腿上; 女:双手相叠放于一腿上	5	
		(5)男:双腿分开间距不超过肩宽; 女:双膝紧靠,不分开,可用斜放式、交叉式坐姿	5	
		(6)入座离座动作轻缓,左进左出	5	

续上表

序号	评分项目	评分标准	分值	得分
3	走姿	(1)头正,肩平,上身挺直,挺胸收腹,两眼平视前方	5	
		(2)两臂自然弯曲,自然地前后摆动,摆幅为30°~35°	5	
		(3)两腿跟走在一条直线上,脚尖偏离中心线约10°	5	
		(4)步幅:前脚的脚跟与后脚尖相距为一脚长	5	
		(5)步速:每分钟之内在60~100步之内	5	
4	蹲姿	(1)左脚在前,右脚稍后,不重叠	5	
		(2)下蹲时,全脚掌着地,控制平衡,避免摔倒	5	
		(3)男士:一般采用高低式蹲姿;女士:一般采用交叉式蹲姿,注意双腿并拢。女士着裙装时,下蹲前应事先整理裙摆	5	
合计	综合评语:		100	

握手、鞠躬、名片、奉茶、走廊及楼梯间礼仪项目评分表　　表2-4

序号	评分项目	评分标准	分值	得分
1	握手礼	(1)伸手的先后顺序是上级在先、主人在先、长者在先、女性在先	5	
		(2)握手时间一般在2~3s之间为宜	5	
		(3)握手力度不宜过猛或毫无力度	5	
		(4)注视对方并面带微笑	5	

续上表

序号	评分项目	评分标准	分值	得分
2	鞠躬礼	(1)面向客人,并拢双脚	5	
		(2)视线由对方脸上落至自己的脚前1.5m处(15°礼)或脚前1m处(30°礼)	5	
		(3)男:双手放在身体两侧;女:双手合起放在身体前面	5	
3	名片礼	(1)面带微笑,稍欠身,注视对方	5	
		(2)将名片正面对着对方	5	
		(3)用双手的拇指和食指分别持握名片上端的两角送给对方(不能挡住商标或字体)	5	
		(4)正确运用基本话术	5	
4	奉茶礼	(1)顾客落座后,询问顾客所需饮料的种类,听到顾客的要求后,重复饮料的名称进行确认	5	
		(2)递送时,说"打扰一下",按逆时针方向,将饮料放在顾客右手边,若同一桌上有不同的饮料品种,分发前先确认	5	
		(3)递茶时要以右手捧上,左手随上,递杯子时不能碰到杯口	5	
		(4)要注意奉茶的顺序,先老后少,先女士后男士	5	
		(5)正确运用基本话术	5	

续上表

序号	评分项目	评分标准	分值	得分
5	走廊及楼梯间礼仪	(1)不站在走廊、楼梯间长时间谈话或者声音过大影响到顾客	5	
		(2)与顾客或上级擦肩而过时,主动靠向墙壁一侧,让出通道,并行鞠躬礼	5	
		(3)上下楼梯时,热情主动为顾客进行	5	
		(4)正确运用基本话术	5	
合计	综合评语:		100	

表2-5 引导、自我介绍、介绍他人、递送物品、赠送及接受、电话礼仪项目评分表

序号	评分项目	评分标准	分值	得分
1	引导礼仪	(1)手臂应自然伸出,手心向上,四指并拢。出手的位置根据与顾客所处的位置而定	5	
		(2)引导顾客进入展厅时,走在顾客的斜前方,与顾客保持一致步调,先将店门打开,请顾客进入店内,如果经销店不是自动门,则用左手向展厅外方向拉开店门,请顾客先进入展厅,并鞠躬示意	5	
		(3)引导顾客进入展车时,走在顾客的斜前方,与顾客保持一致步调,并为顾客拉开展车车门,请顾客进入车内	5	
		(4)正确运用基本话术	5	

续上表

序号	评分项目	评分标准	分值	得分
2	自我介绍礼仪	(1)介绍时面带微笑,态度谦和,语气亲切	5	
		(2)介绍本人的姓名、担任的职务,时机把握得当	5	
		(3)正确运用基本话术	5	
3	介绍他人礼仪	(1)按尊者有优先了解权的原则进行先后介绍	5	
		(2)介绍他人的姓名、担任的职务,时机把握得当	5	
		(3)正确运用基本话术	5	
4	递送物品礼仪	(1)递送时,资料正面面对接受人,用双手递送,并对资料内容进行简单说明	5	
		(2)在桌子上方交递,切忌不要将资料推到顾客面前;如果有必要,帮助顾客找到其关心的页面,并作指引	5	
		(3)交递锋利和尖锐的物品,将锋利和尖锐部位面朝自己,切忌对准顾客	5	
		(4)正确运用基本话术	5	
5	赠送及接受礼仪	(1)赠送:双手递送,点头示意;目光亲切、真诚地看着顾客的眼睛,说出致谢的话语,微笑着递送物品	5	
		(2)接受:双手接过礼物,并对顾客表示感谢,同时妥善放置礼物	5	
		(3)正确运用基本话术	5	

项目二 汽车销售

续上表

序号	评分项目	评分标准	分值	得分
6	电话礼仪	（1）电话铃响3次内应接听电话，姿势端正，身体略微前倾，准备好纸笔，左手握听筒，右手根据需要随时做好记录。声音明快、亲切；面带微笑，态度认真	5	
		（2）专有名词记录准确；来电人姓名、联系方式、转告内容都要详细记录并确认。通话结束要致谢，话筒要轻拿轻放	5	
		（3）正确运用基本话术	5	
合计	综合评语：		100	

 汽车销售流程及操作技巧

一、顾问式汽车销售

1. 顾问式汽车销售

顾问式汽车销售是销售人员站在专业角度和顾客利益角度，为顾客提供专业意见、解决方案和增值服务，为顾客作出对产品或服务的正确选择，同时建立顾客对产品或服务的品牌忠诚度，与顾客形成较长期稳定的合作关系。是建立在顾客需求基础上，为顾客提供咨询服务和后续服务，最终实现顾客与汽车销售企业的双赢。

2. 顾问式汽车销售流程

顾问式汽车销售流程及标准见表2-6。

顾问式汽车销售流程及标准　　　　表2-6

序号	流程	标准要点说明
1	售前准备	（1）汽车销售人员良好心情、仪容仪表准备； （2）销售工具准备齐全； （3）展厅环境整洁美观
2	顾客接待	（1）仪表着装规范整洁； （2）遇到顾客时热情地问候致意； （3）首先请顾客自由参观，不要尾随顾客； （4）用亲切、平易近人的态度和方式对顾客说话； （5）随身携带名片； （6）倾听顾客说话； （7）顾客优先
3	需求分析	（1）汽车销售人员应仔细倾听顾客需求，让他随意发表自己的意见； （2）通过与顾客的充分沟通，确认顾客的需求和期望； （3）提供合适的解决方案
4	商品介绍	（1）做好汽车知识、竞品知识、汽车产品等相关商品知识准备，根据顾客的需求和顾客关心程度进行商品说明； （2）符合顾客的商品知识层次，避免使用顾客不懂的技术词汇，用通俗易懂的方式介绍商品； （3）遇到不懂的问题，请其他同事配合，给顾客正确满意的答复； （4）介绍商品时避免贬低竞争对手的商品

续上表

序号	流程	标准要点说明
5	试乘试驾	(1)确保试乘试驾车辆整洁; (2)确保试乘试驾车有足够的汽油; (3)汽车销售人员都应有驾驶证,要首先驾驶并说明基本操作技巧; (4)试乘试驾前,销售人员应亲自检查试乘车,并依顾客特性需求调整车辆; (5)在不同试乘路段,汽车销售人员应简单描述体验重点,并尊重交通法规,给予顾客示范标准安全驾驶; (6)在空旷的路段换手,请顾客入座,再次确认顾客对操作已经熟悉,然后由顾客驾驶,汽车销售人员简单提示顾客各个动作所能体验的项目; (7)试乘试驾时间以 15～20min 为宜; (8)试乘试驾后,引导顾客回展厅(休息区),促成合约,赠送小礼品并送顾客离去
6	签约成交	(1)汽车销售人员对价格进行解释,说明价格构成; (2)预备好价格、保修条件等必要资料,随时准备介绍商品; (3)对于有关登记、税金等顾客必须亲自填写的文件,要详细说明,直到顾客充分理解为止; (4)准备有关销售金融的讲解方案,介绍销售金融内容; (5)认真正确填写合同中的各项内容,并请顾客再次确认; (6)记录下与顾客谈定的事,谨防遗忘,并进行确认;

续上表

序号	流程	标准要点说明
6	签约成交	(7)签约时,要向顾客表示感谢; (8)当商谈进行得不顺利时,仍倾听顾客意见,寻找下次说服顾客的方法,以良好的态度结束商谈
7	热情交车	(1)做好交车准备,高度重视这一令顾客高兴的时刻; (2)交车车辆的最后准备; (3)交车当天说明有关保修事项; (4)向顾客介绍服务部门的经理或售后服务顾问; (5)向顾客实际演示车辆操作方法,实际确认车辆; (6)成功完成交车仪式
8	售后跟踪	(1)定时定期与顾客保持联系; (2)帮助顾客解决有关车辆方面的所有问题; (3)提醒顾客进行维修; (4)请顾客将车辆或经销店推荐给他人

二、顾客接待

在整个汽车销售中,顾客接待贯穿其中。在与顾客最初接触的几分钟内,汽车销售人员能否使顾客对汽车服务企业和汽车销售人员产生良好的第一印象,关系着销售工作能否顺利开展,因此,在展厅汽车销售中,单独把顾客接待作为一个流程,放置在第一个环节。顾客接待包括顾客来店接待和电话接待两类。

(一)顾客来店接待

1. 顾客接待流程

顾客接待环节基本流程,如图 2-3 所示。

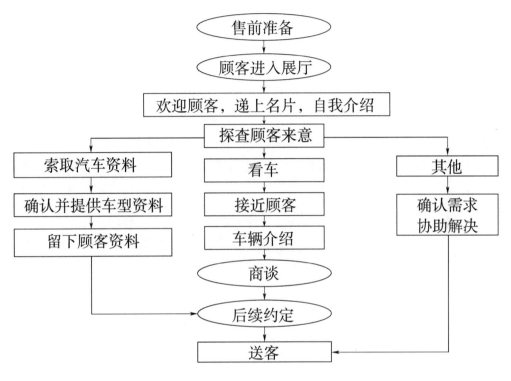

图 2-3　顾客接待流程

2. 顾客接待关键工作要点

通过对顾客接待流程分析,对展厅顾客接待提炼出几个关键时刻,概括出顾客来店接待关键工作要点,见表 2-7。

顾客来店接待关键工作要点　　　　表 2-7

关键时刻	接待核心	工作要点及基本话术	行为指导
顾客来店前	充分准备	在顾客来店前,做好顾客接待的各项准备工作,准备越充分,越容易获得顾客的好感,包含仪容仪表着装规范,销售工具夹中资料准备齐备,展厅环境和展厅车辆准备等	规范着装,自检互检;查销售夹,补充资料;整理展厅,准备车辆

续上表

关键时刻	接待核心	工作要点及基本话术	行为指导
进入展厅时	主动迎接	在第一时间迎接顾客,热情礼貌问候,对顾客充分重视和尊重。对第一次光临的顾客,汽车销售人员充分利用首印效应理论,抓住最初的几分钟,获得顾客认可,通过自报姓名,表达真诚服务的意愿,建立积极的营销氛围。对于第二次或以上来店的顾客,应及时称呼,让顾客体验宾至如归的感觉。 基本话术:"您好,欢迎光临。""我能帮您做点什么?""好的,我们大部分顾客第一次来时都是想先看看,您想看哪种产品?目前××卖得不错,很受欢迎,您可以参考看看。"	及时热情,礼貌问候;递送名片,自我介绍;探明来意,正确引导
自行看车时	适时服务	顾客想自由参观浏览时,汽车销售人员与顾客保持约5m的距离,不让顾客产生压力感,并随时关注顾客动向和兴趣点,以便在顾客需要时,第一时间上前提供帮助。 基本话术:"您好,我可以为您介绍一下这款车吧?""没关系,我就在展厅,您先随意看看,如果有什么问题,我很乐意为您解答。"	引导参观,服务说明;保持距离,随时关注;一有需要,主动趋前;适时引导,注意倾听

续上表

关键时刻	接待核心	工作要点及基本话术	行为指导
就座休息时	沟通介绍	顾客希望就座休息区商谈时,汽车销售人员主动邀请顾客入座,把顾客安排在可观赏顾客感兴趣的车辆旁,并根据顾客需要提供免费饮料。汽车销售人员在征求顾客同意后入座顾客右侧,保持适当的身体距离。若顾客多人前来时,不能忽略同行者。汽车销售人员与顾客交谈时,通过一些开放式的问题,鼓励引导顾客多说,以获取较多顾客信息,了解顾客来访意图。 基本话术:"您好,我们这里有免费的茶、咖啡、果汁,请问您需要点什么?""您对什么车型特别感兴趣呢？您想得到哪些方面的信息?""××先生,您方便留下联系号码吗?"	邀请入座,送上饮料;礼貌寒暄,注意倾听;递送资料,品牌介绍;争取时机,留下信息
离开展厅时	感谢惠顾	汽车销售人员提醒顾客带上随身物品,送顾客到展厅门外,感谢顾客惠顾,热情欢迎再次来店,并目送顾客离去。送走顾客后,汽车销售人员及时整理顾客相关信息。 基本话术:"再次感谢您来店,欢迎再度光临。"	门外送别,约定时间;感谢光临,目送离开;填写信息,完备资料

(二)顾客来电接待

在汽车销售过程中,顾客经常会通过电话向汽车销售服务企业咨询汽车相关信息。良好的电话接待和电话沟通能赢得顾客的好感,增加对汽车服务企业和品牌的认同。

1. 电话接待的流程

汽车服务企业在前台设专人负责接听电话,应对顾客来电咨询汽车产品、品牌或其他相关事宜,具体流程如图2-4所示。

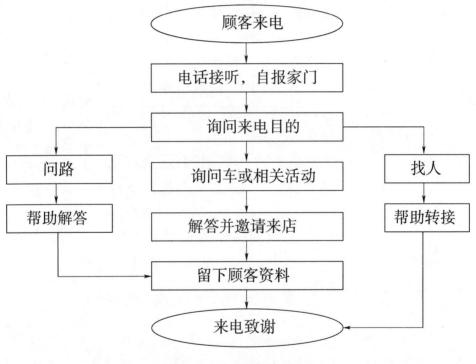

图2-4 电话接待流程

2. 电话接待关键工作要点

通过对电话接待流程分析,对电话接待提炼出几个关键时刻,概括出电话接待工作要点,见表2-8。

电话接待关键工作要点 表2-8

关键时刻	接待核心	工作要点及基本话术	行为指导
来电接听	及时接听	顾客来电时,电话接待人员应在铃响3声内接听	3声接听

续上表

关键时刻	接待核心	工作要点及基本话术	行为指导
来电应答	按需应对	接起电话应先问好,再自报家门,表达乐意为顾客效劳的意愿;询问对方来电事项并确认,倾听委托的事并做记录,汇总并复述来电事项,礼貌地结束电话。说话声音清晰、温和、真诚、面带微笑。针对不同顾客需求给予应对。 基本话术:"您好,××4S店,我是话务专员××,请问您有什么需要帮助的?"	热情问好,自报家门,快速转接,清楚留言,专业答疑
结束电话	规范结束	对交谈约定的内容进行确认;询问顾客是否还有其他要求;邀请顾客来店看车或试乘试驾;感谢顾客来电;等顾客挂断电话后再挂电话;整理顾客资料。 基本话术:"××先生(小姐),刚才我们约定明天9点来展厅看看,对吧?为方便您来店,我把我的联系电话和公司详细地址发到您手机上吧?"	确认内容,感谢来电,资料整理

(三)互联网邀约来店

互联网邀约来店,指通过互联网与移动终端等工具,发布产品与服务信息,获取意向客户相关信息,如意向客户主动填写预约试驾、在线订车等信息,留存至网络渠道,线下门店根据留存信息邀请客户来店看车、试乘试驾或提车等。

互联网邀约来店,其接待流程和工作要点,与顾客来店接待流程区别在于分析客户需求,根据客户需求,选择陪同看车还是进入汽车销售的其他环节。

汽车行业互联网集客平台主要有门户网站、搜索引擎、垂直媒体、其他网络媒体等,具体见表2-9。

常用互联网平台　　　　　　　　　　　　　　　表2-9

序号	平台类型	具体平台
1	门户网站	新浪、搜狐、腾讯、网易等
2	搜索引擎	百度、搜狗等
3	垂直媒体	汽车之家、易车网、太平洋汽车网、网上车市、爱卡汽车、汽车中国等
4	其他网络媒体	经销商官网、当地的媒体、其他免费试用媒体、微博、微信等

通过互联网邀约来店的平台较多,汽车经销商根据两大原则进行互联网平台选择。其一是适者为王:同城同集团4S店根据媒体在当地的影响力,合理选择媒体,避免扎堆、分散地选择媒体,可网罗不同媒体的线索。其二是力者多利,媒体矩阵:一二线城市所有4S店和网络营销力度较大的三四线城市内所有的4S店,应选两家或以上合作媒体开展合作,若条件允许,鼓励4S店选择补充地方媒体,如精准媒体、自运营的官网、地方优质平台,建立自己的营销平台。对常用平台的优缺点进行分析,见表2-10。

常用平台的优缺点　　　　　　　　　　　　　　表2-10

序号	平台	优劣势分析
1	门户网站	优势:互联网用户覆盖面广,门户属性的汽车网站,线索重合度较小; 劣势:销售店会员产品服务经验尚浅,线索量不如垂直媒体
2	汽车之家	优势:拥有大量有效且活跃的潜在客户,点击率和回复率高,社区覆盖面广及活跃度高,优质的销售线索; 劣势:合作商家数量多,资源刷新频率快,入口下沉快
3	易车网	优势:提供多种营销工具,包括4S店信息推广集客工具、网站建设工具、多号码支持的呼叫中心系统、商机收集潜客转化工具、销售顾问数字助手、百度搜索引擎营销工具、微信及社区营销工具、二手车营销推广工具,落地城市覆盖面广,便于提供到店辅导服务; 劣势:合作商家数量多,资源刷新频率快,入口下沉快

续上表

序号	平台	优劣势分析
4	爱卡汽车网	优势:覆盖面广,及时大量编辑全国市场行情,精准超大车型报价库,积极配合线下活动执行及咨询传递; 劣势:非直营代理分站在信息的接受度及执行上有所滞后
5	太平洋汽车网	优势:专业的汽车测评、实用的汽车导购、精准的车市行情,拥有庞大的网络用户群体,全国网络渠道,共享太平洋集团六大网站资源; 劣势:直营城市较少,代理分站的服务、执行力参差不齐
6	微信	优势:客户定位精准、互动交流频繁、用户信任度高; 劣势:传播范围和受众数量有限

三、需求分析

需求分析,是在对顾客的购买力、职业、文化背景等分析基础上,确定或评估顾客需求。只有了解顾客的真实购买需求,并根据顾客需求针对性地进行销售,才能增加成交的可能性。

(一)需求分析内容

需求分析是对顾客背景和消费状况进行了解,主要包括:顾客职业、兴趣等基本信息;使用者、用途、购车的预算等购买愿望;现有车辆品牌、车型情况等。见表2-11。

需求分析内容　　　　表2-11

项目	了解信息内容	分　　析
基本信息	姓名、联系方式	—
	职业、职务	品牌/车型
	兴趣爱好	品牌/车型
	家庭成员	—

续上表

项目	了解信息内容	分析
购买愿望	对车辆造型、颜色、配置、预算的要求	品牌/车型
	主要用途、年行驶里程	品牌/车型
	使用者	品牌/车型
	二手车转换	品牌/车型
	对豪华品牌车的了解程度	品牌倾向
	选购车时考虑的主要因素	购买动机
用车经历	品牌、车型	品牌/车型
	当初选购理由	—
	不满意的因素	品牌/车型
购买时间	—	

(二)需求分析关键工作要点

需求分析关键要点,见表2-12。

需求分析关键工作要点　　　　　表2-12

关键时刻	工作核心	工作要点及基本话术	行为指导
营造轻松交谈环境时	营造轻松交谈环境	引导顾客进入洽谈区,及时提供饮品,关注顾客言谈举止,捕捉顾客的心理情绪,适时调整交谈话题,营造轻松环境。 基本话术:"××先生,一段时间不见,您最近很忙吧,还有没有继续关注我们的这个车型呢?您需要喝点什么?我们这儿有可乐、茶、雪碧、橙汁。"	提供饮品 关注顾客

续上表

关键时刻	工作核心	工作要点及基本话术	行为指导
收集顾客的信息时	轻松交谈收集信息	利用顾客调查问卷收集和记录顾客信息。通过顾客感兴趣的愉悦话题开始寒暄,通过寒暄,创造良好的交谈气氛。多用开放式问题,引导顾客表述他的需要,对产品用途、外观、配置、舒适性、安全性等方面的具体要求。通过点头、微笑等肢体语言或肯定性语言鼓励顾客多表达。 基本话术:"××先生您真有眼光,您看中的是厂家今年重点打造的产品。"	善用话题消除顾虑
分析确定顾客需求时	分析确定顾客需求	与顾客交流收集信息的同时,也是对顾客进行需求分析的过程,通过顾客显性需求来挖掘顾客隐性需求。遇到顾客表述不明确的时候,销售人员应进行引导,适时提供参考信息和想法,把握适当时机总结与顾客交谈的主要内容,寻求顾客的确认,在顾客确认基础上主动推荐可选购的车型。 基本话术:"××先生,通过刚才的交流,您想购买的车型是1.8L,自动挡,价格在20万元以内,主要用于上下班,假期外出旅行,是这样的吗?"	分析需求确定需求

(三) 需求分析的技巧

顾客的需求分为显性需求和隐性需求,顾客说出来的常常是显性需求,占需求的15%,而85%是顾客的隐性需求。隐性需求才是真正影响顾客购买决定的因素。因此,汽车销售人员更应关注顾客的隐性需求。需求分析主要通过询问和倾听进行。掌握询问和倾听技巧,才能更好地挖掘顾客的隐性需求。

1. 询问的技巧

通过汽车销售人员的询问，引出话题，打破沉默，给出谈话方向，鼓励顾客参与；建立顾客对汽车销售人员的信任感，使顾客有一种被重视、被认同的感觉；对顾客的表达表示出兴趣和理解，使合作关系更加合理，避免误解。

（1）采择合适的询问方式。

良好询问方式可以顺利获取想要的信息，同时消除顾客疑虑，创设良好沟通氛围。询问可分为开放式询问、封闭式询问、诱导性询问三种，见表2-13。

询问的三种方式　　　　　　　　　　表2-13

询问方式	询问字词	汽车销售中的询问范例
开放式询问	谁 哪里 为什么 什么时候 买什么 怎么买 钱	"您买的车主要是谁使用？" "您是从哪里获得我们这款车的相关信息的？" "您何时需要您的新车？" "您计划买车花多少钱？" "您更注重车辆的哪些方面？" "您喜欢什么颜色？"
封闭式询问	是否 是不是 A或B 您认同吗	"您主要用于短途行驶还是长途行驶？" "您是侧重车辆的动力性还是更注重车辆的舒适性？" "如果我没有理解错的话，您准备购买价格在15万元左右的车，重点考虑该车的品牌、性能与配置，您看我说得对吗？"
诱导性询问	用疑问 语气词"吧"	"既然您对这款车已经做了深入的了解，也认可这款车的性价比、外观及内饰，那么就让我们一起来讨论如何付款的有关事项吧？" "请把身份证给我，让我帮您办理买车的有关手续吧？"

(2)遵循提问的顺序。

提问要有一定的逻辑顺序,由过去、现在到未来,由一般性问题、辨识性问题到连接性问题。

一般性问题主要询问顾客的购车背景、用车历史,以预测未来购车的动向,如"您过去开过什么车?"。辨识性问题是根据顾客初步说法,提出若干辨识性问题,引导顾客进一步说明需求,如"您现在希望买一台什么样的车?"连接性问题是在对顾客需求有一定了解后提出一些连接性问题,引导顾客把需求转移到买车的主题上来,如"您觉得2.0L发动机如何?"

2. 聆听的不同层次

聆听在沟通中占据了重要的地位。世界著名的领导力大师史蒂芬·柯维建立聆听的层次模型,把聆听分为5大层次,见表2-14。

史蒂芬·柯维聆听5层次　　　　表2-14

聆听层次	状态
设身处地地听	参与到对方的思维中,引起共鸣
专注地听	关注对方眼神,适时表示点赞同
选择地听	只听感兴趣的
假装地听	为应付,心不在焉
听而不闻	无反应,像没听到,对顾客态度冷漠

只有专注地听,设身处地地听,用心去"听",才能理解顾客,赢得顾客。能设身处地为对方着想,感同身受对方的情感,带着理解和尊重积极主动地倾听,才是一个优秀倾听者的典型特征。需求分析关键是询问和聆听,此时,对汽车销售人员的行为标准要求归纳为表2-15。

需求分析中聆听和询问时汽车销售人员的行为标准　　表2-15

需求分析阶段	行为标准
顾客表达需求时	(1)倾听、不打断顾客谈话; (2)不立刻发言、回答,尽量用开放式问题为顾客提供发表更多意见的机会; (3)用辨识提问跟踪、确认顾客需求细节

续上表

需求分析阶段	行 为 标 准
总结顾客需求时	(1)用提问的方式,协助顾客整理顾客需求并适当总结; (2)征求顾客同意,在"咨询笔记本"内记录顾客需求; (3)协助顾客选择一款适合他的车型
顾客离去后	(1)重新检查顾客需求记录; (2)计划跟踪时间与方式

四、商品说明

汽车商品说明是汽车销售的核心环节,有效的商品说明能建立顾客的信赖感。汽车销售人员在对顾客进行需求分析基础上,根据顾客利益和需要,将汽车产品介绍给顾客。商品说明并非向顾客解释和演示某款车型的所有装备和功能,而是应该根据顾客需要用顾客能够理解的话语有选择性地介绍。

(一) 商品说明流程

汽车销售人员根据顾客需求,推荐具体车型,从商品亮点、带给顾客的利益、解答顾客异议等方面进行商品说明,具体流程如图2-5所示。

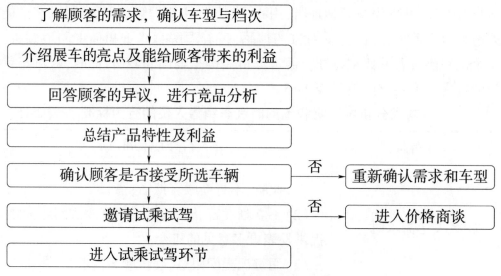

图2-5 商品说明的流程

(二) 商品说明关键工作要点。

商品说明关键工作要点,见表2-16。

商品说明关键工作要点　　　　　　　表2-16

关键工作	工作核心	工作要点及基本话术	行为指导
商品说明准备	准备充分	汽车销售人员必须规范布置展车,提前对展车进行检查和整理;熟练掌握产品知识、竞品知识及推介技巧;在推介中能借助六方位绕车法、运用FAB话术法来介绍顾客关注的功能;备齐相关资料	展车布置符合规范,资料准备充足,商品与竞品知识掌握娴熟
洽谈桌旁说明	善用商品资料	在洽谈桌旁进行商品说明,讲究接待礼仪,让顾客面对展车而坐,要借商品资料进行说明,于细微处体现对顾客的关心。 基本话术:"关于这一点,您可以看看媒体的评论。"	引领顾客面对展车而坐;饮品及时提供和续杯;利用商品资料进行辅助说明
展车旁说明	针对需求说明	在展车旁针对顾客最感兴趣、最关注的功能进行推介;随时关注、积极引导顾客,通过听声音,触摸座椅、仪表盘等操作动作调动顾客感官,让顾客充分体验商品性能。 基本话术:"您试着开关一下车门,听一下声音是不是很厚重?"	从顾客最关心和感兴趣的部分开始说明;随时关注顾客反应;操作规范,邀请顾客参与
回答顾客异议	及时真诚应答	在商品说明时,顾客常会提出一些不明白、不清楚、不认可的方面,作为一名合格的汽车销售人员应积极面对,不反感、不反驳、不回避、不贬低,遇到无法解决的可请同事帮助解决。 基本话术:"买车不是一件轻松的事,慎重一点,是对的。"	正确而真诚应答;肯定顾客的异议;不恶意贬低竞争产品;妥善解决疑难问题

续上表

关键工作	工作核心	工作要点及基本话术	行为指导
商品说明结束	确认总结，引导进入下一环节	在商品说明接近尾声时，汽车销售服务人员要善于把握机会，对商品特色及带给顾客的利益进行总结，确认是否是顾客选择的车型，以便顺利过渡到下一环节。 基本话术："如果我没记错的话，您首先考虑的是外形，要符合您的职业特点，对吗？在安全方面，四气囊配置是最低要求……基于您的这些要求，我总结一下……这款车应该最适合您的要求的，对吗？"	口头总结商品特点与利益，确认顾客是否接受；若接受，诚邀试乘试驾；对重点说明进行书面标注；把联系方式或名片留给顾客；及时整理展车

(三) 六方位绕车法

六方位绕车法，是把汽车的外观、设计、内饰、动力性、经济性、舒适性等性能的配置整合在六个方位，如图 2-6 所示。通过绕车一周对车型有全面了解。销售人员通过六方位绕车法对汽车商品进行说明，并不是要面面俱到，也不是一定要按某个顺序开始讲解。应从顾客感兴趣点开始，或从顾客所在的位置开始，运用一定介绍话术，巡视车辆一周介绍。六方位绕车法各方位介绍要点见表 2-17。

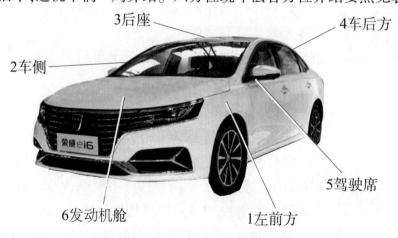

图 2-6 六方位绕车法

项目二 汽车销售

六方位绕车法各方位介绍要点　　　　表 2-17

方　位	介　绍　要　点
左前方	前车灯的特性、车身的高度、车型颜色和流线型、汽车品牌的文化、保险杠的设计以及车型的接近角等
车侧	后视镜、侧面的安全性、转弯半径、车门玻璃、汽车轮辋、汽车轮胎、车身长度等
后座	行李舱的开启、储物空间、后窗刮水器、倒车雷达、离去角、汽车尾翼、备胎的位置设计、尾灯的设计等
车后方	车窗、轮胎、车内空间等
驾驶席	刮水器、变速杆、仪表盘、座椅的调控、转向盘的调控、视野、安全气囊及安全带、车门车窗的控制及 ABS 等
发动机舱	发动机的布局、环保设计、排气环节、发动机的性能、最大功率、机油等液体容器、散热设备设计、发动机避震设计、节油方式等

(四) FAB 话术法

在进行六方位绕车介绍时,汽车销售人员通常使用 FAB 话术法进行介绍,FAB 话术法是销售理论中一个重要的话术法则,通过该话术把产品特点、功能和顾客获得的利益有机结合,从而较好地激发起顾客的购买欲望和行为。

1. FAB 话术法概述

FAB 话术法是产品特性(Feature)、优点(Advantage)、利益(Benefit)三个层面的表述。产品特性是产品设计上给予的特征和功能,可以从各角度发现,如产品的工艺、配置、材质、式样等;优点是解释产品的特征和功能带来的优点和优势;利益是给顾客带来的好处,满足顾客某些需求。利用 FAB 法可以强化带给顾客的利益,增强顾客对产品的信心。

2. FAB 话术法的应用(表2-18)

FAB 话术法在汽车销售中的运用　　　　表2-18

FAB 实例	特性	优　点	利　益
无钥匙进入系统	车辆配备无钥匙进入系统	车主携带钥匙靠近汽车时,车辆自身可在一定范围内感应到车钥匙,钥匙芯片的 ID 就会自动和发动机的 ID 进行相匹配,成功匹配之后就可以把车门打开,根本无须使用钥匙,也不需要再用钥匙进行手动操作。当智能钥匙离开车身3~5m时,车门也就会自动上锁,车辆进入防盗警戒的状态	打开车门更便捷,当你手提物品时,靠近车门,便可轻松打开车门
座椅加热与通风	这款S级轿车配备了座椅加热和通风功能	打开座椅加热和通风功能开关,它就会吹出热风或冷风,在座椅小孔间循环	在各种温度上,它都能提供更高舒适度,冷却功能与皮质座椅结合,避免出汗,夏天很凉爽。加热功能,让你在寒冷的天气里暖和舒服
雨量感应器和无骨式刮水器	这款车配备了雨量感应器和无骨式刮水器	刮水器会根据雨量的大小来调节刮片的快慢档。不使用时,刮水器隐藏到发动机罩尾部边缘的下面	这样的设计很大程度上保证车辆在雨天或雪天拥有良好的视野,增强了行驶的安全性

五、试乘试驾

通过试乘试驾,动态地介绍和展示车辆,让顾客感性地了解车辆有关信息,动态感知车辆性能;顾客通过切身体验和驾乘感受,确认车辆性能情况,加深对汽车销售人员口头说明的认同,为促进成交增加砝码。

(一)试乘试驾流程

基于试乘试驾的重要性,汽车销售人员应严格按流程进行操作,具体如图2-7所示。

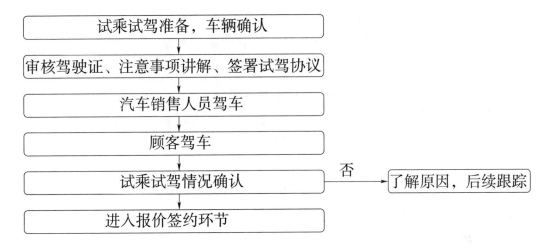

图2-7　试乘试驾流程

(二)试乘试驾关键工作要点

1.准备工作

在进行试乘试驾前,汽车销售人员应做好试乘试驾相关资料、试乘试驾车辆、试乘试驾路线等方面的准备工作,具体见表2-19。

试乘试驾前准备工作　　　　表2-19

准备项目	具体内容
试乘试驾相关资料准备	车辆行驶证、保险单、赔偿表、试驾协议书、《欢迎参加试乘试驾活动》文件,内附行车路线图、意见调查表、试乘试驾检查表等

续上表

准备项目	具体内容
试乘试驾车辆准备	提供专门试乘试驾车辆,保证车况良好,确保试乘试驾车有足够的汽油;车辆整洁、清新、无异味,车内不放其他物品;靠椅带座套,车内有脚垫,车辆摆放到规定位置;准备CD、纸巾、水等
试乘试驾路线确定	做好路线规划,以"保证安全"为首要原则,能展现车辆性能,又考虑避开交通拥堵路段;提前实地查看确认路况是否有变化,如修路、改道;备好试乘试驾路线图
试乘试驾陪乘人员准备	汽车销售人员必须有合格驾驶证,且驾驶技术熟练
试乘试驾顾客告之	确定时间,提醒带驾驶证,穿运动鞋等;询问有何特殊要求,是否要带家人同来;核实驾驶者的驾驶技能

2. 试乘试驾前

试乘试驾前先给顾客一个试乘试驾概述,介绍试乘试驾路线、规范、试乘试驾时间等相关事项,使顾客明白相关要求和事项,消除顾客的紧张和不安感,使顾客更好地体验车辆的性能。

向顾客仔细讲解路线,并根据情况和顾客需求提供不同选择给顾客,尽量安排包括有直路、坡度、弯路的试乘试驾路线,充分体现尊重顾客的个性,保证顾客真正享受驾乘车卓越的行驶性能。

试乘试驾前提醒顾客注意事项,委婉向顾客进行"确认驾照"的说明,并请顾客签认"试乘试驾同意书",如图2-8所示。

3. 试乘试驾执行

(1)试乘。进入试乘车内,试乘开始前,汽车销售人员先协助调整座椅,介绍仪表板上功能及各项操作,提醒前后座乘员系上安全带;在不同试乘路段,汽车销售人员应简单描述体验重点;并遵守交通法规,给予顾客示范标准,安全驾驶。试乘试驾时演示介绍重点,见表2-20。

(2)换手。汽车销售人员选择在空旷安全的路段停车,并将汽车熄火。请顾客上车后再将车钥匙交予顾客,协助顾客调整座椅、转向盘、后视镜,并系好安全带。简单介绍车辆操作,再次确认顾客对操作已经熟悉,然后由顾客驾驶。

试乘试驾同意书

经销店名称：____某汽车经销店____

试乘试驾车型：_____

致：

　　本人于_____年___月___日在一汽丰田_____经销店参加_____车型试乘试驾活动,特此作如下陈述与申明：

　　本人在试乘试驾过程中将严格遵守行车驾驶的法规和要求,并服从公司指示,安全、文明驾驶,尽最大努力保护试乘试驾车辆的安全和完好,否则,对贵公司造成的一切损失,将全部由本人承担。

　　　　　　　　　试驾人姓名：_____
　　　　　　　　　驾驶证号码：_____
　　　　　　　　　联系地址：_____
　　　　　　　　　联系电话：_____

图 2-8　试乘试驾同意书

（3）顾客驾驶。汽车销售人员提醒顾客正确的驾驶方式;保持安全车距,不要超速,不可超越前车;提醒前面路况及应采取的动作;及时纠正试驾人员不良驾驶行为和动作;让顾客专心驾驶,不进行车辆介绍。

4. 试乘试驾结束

汽车销售人员引导顾客回展厅(休息区),请顾客填写《试乘试驾评估表》,针对顾客特别感兴趣的性能和配备再次加以说明,引导顾客回忆美好的试驾体验。顾客通过试乘试驾感受到车辆所能带给他的好处之后,如果符合需求,通过询问的顾客订约意向,就可以进入报价说明阶段;若顾客有异议,对顾客抗拒点适时利用展车再次解说,促成订约;对暂时未成交的顾客,要利用留下的相关信息,与其保持联系。试乘试驾结束后,要对每一位顾客热情道别,并感谢其参与试驾,同时完成各项文件记录。试乘试驾时汽车销售人员在不同路段演示重点,见表2-20。

试乘试驾时汽车销售人员在不同路段演示重点　　表 2-20

路　　段	演示内容	提示要点
起点	调整座椅,安全带,后视镜	电动座椅舒适性,安全装备
直路	起动加速	发动机安静,低速段动力强劲
直路	空调,音响系统	自动气温控制,高保真音响
直路	变道,准备上高速	操纵性能佳,乘坐平衡
高速公路	加速到公路限速	加速性能,风噪低,平衡,安静
高速公路	弯道变道	贴地感,操控性能,稳定性
高速公路	减速(如允许紧急制动)	制动性能,ABS 工作情况
弯道	变速变道	贴地感,操控性能,稳定性
上下坡	坡上停车,起动	发动机低端动力,安静平稳
直路	根据顾客需要演示	随机而定
终点	询问顾客试乘试驾感受	填写试乘试驾意见反馈表

六、报价说明和签约成交

需求分析、商品说明、带领顾客乘驾体验后,当顾客表现出如询问何时可以交车、要求再度试乘试驾、询问一条龙服务、交车细节,讨论按揭、保险,反复回展厅看车,带亲人、朋友来看车等反应,说明对车辆基本满意,有了购买意向,就可引导顾客进入报价说明和签约成交环节。汽车销售人员及时把握顾客表现出来的成交信息,以顾客第一的理念,达成购买协议的签订。

(一)报价说明和签约成交流程

在报价说明与签约成交流程中,销售人员是顾客购车顾问,在确认顾客需求基础上,告知顾客本车型的使用注意事项。若未达成签约成交,销售人员应确实了解顾客异议的原因,安排再访机会,并将原因记录在客户档案内。若多次联络都没有进一步的结果,则交由销售经理决定如何处理。报价说明和签约成交基本流程如图 2-9 所示。

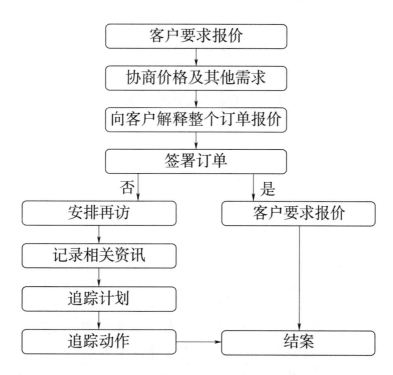

图 2-9　报价说明和签约成交基本流程

(二) 报价说明和签约成交关键工作要点

报价说明和签约成交关键工作要点见表 2-21。

报价说明和签约成交关键工作要点　　　表 2-21

关键时刻	工作要点
说明商品价格	根据顾客的需求拟订销售方案,包括保险、贷款、选装件、二手车置换等,清楚解释销售方案的所有细节,耐心回答顾客的问题,让顾客有充分的时间自主地审核销售方案。可采用三明治式的报价方法:报价前要针对顾客需求,总结车辆的好处;明确地报出价格;强调超越顾客期望的地方,即"利益—价格—利益"
顾客签约成交	以顾客第一的态度操作签约程序;准确填写合同,协助顾客确认所有细节;专心处理顾客签约事宜,谢绝外界一切干扰,表示对顾客尊重;恭喜顾客作出正确的选择,承诺提供完善的售后服务,适当强调产品给顾客带来的实际利益;签约后,使用一条龙服务表格,详细说明车辆购置程序及费用

续上表

关 键 时 刻	工 作 要 点
顾客对签约犹豫不决时	坚持顾客第一的态度,不对顾客施加压力;耐心了解顾客需求与抗拒原因,协助顾客解决问题,进一步提供相关信息
顾客决定暂不签约时	坚持顾客第一的态度,不对顾客施加压力,对顾客决定表示理解;给顾客足够时间考虑,以正面的态度积极跟踪,保持联系,若顾客最终选择其他品牌,则明确原因并记录在案

七、热情交车

在报价说明与签约成交完成后,进入到热情交车阶段。交车是与顾客保持良好关系的开始,也是购车过程中洋溢着喜悦气氛的时刻。交车环节的规范和有序,深化顾客对产品和服务认可,进一步强化顾客购买信心。完善的交车环节,要求经销商全员配合,汽车销售人员以顾客为中心,兑现先前的服务承诺,让顾客体验优质服务。

(一) 热情交车流程

热情交车流程如图2-10所示。

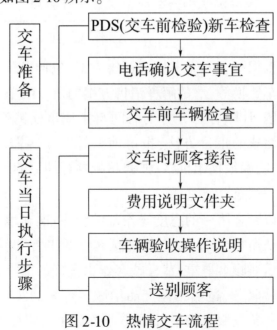

图2-10 热情交车流程

项目二　汽车销售

(二) 热情交车关键工作要点

热情交车关键工作要点见表2-22。

热情交车关键工作要点　　　　　　表2-22

关 键 时 刻	工 作 要 点	行 为 指 导
交车前准备时	展厅门口设置交车恭喜牌;交车区场地打扫干净,配备交车所需物品。 　　销售人员委托售后服务部门进行PDS新车检查并签字确认;再次确认顾客的付款条件和付款情况,以及对顾客的承诺事项。 　　电话联系顾客,征得顾客认可,确认交车时间,并告知交车流程和所需时间。 　　清洗车辆,保证车辆内外美观整洁,车内地板铺上保护纸垫;重点检查车窗、后视镜、备用轮胎和工具等;待交车辆油箱内加注1/4箱燃油。 　　通知相关人员交车仪式的时间和顾客信息,确认出席人员。 　　基本话术:"××先生/小姐,恭喜您!您的爱车已经到店了,您看周一早晨9点还是周二早上9点来提车? 提车时您带好身份证;交车时间大概60分钟,先验收车辆,再交接文件资料,最后试车,您看这样安排可以吗?"	设置交车恭喜牌;清洁交车场所;配齐所需物品;与服务部确认;与顾客确认;清洗车辆;通知相关人员

续上表

关键时刻	工作要点	行为指导
交车顾客接待时	交车顾客到达时,销售人员预先到门口迎接,态度热情;恭喜顾客,并立刻为顾客挂上《交车贵宾证》(不同车型分别设定),每位员工见到戴有《交车贵宾证》的顾客,立刻道喜祝贺。销售人员先邀请顾客至交车区看新车,然后引领顾客至洽谈桌面,再办理相关手续。 基本话术:"××先生/小姐,您好!恭喜,这是我们专门为您做的交车贵宾证,请您带好。"	为顾客挂"贵宾证";引领看新车;办理相关手续
费用说明及文件交付时	向顾客说明各项购车费用和其他相关费用;介绍服务部门售后服务顾问;说明车辆保修内容、保修范围、保修期限和保修项目等重要事项等。 清点并移交车辆文件以及车辆钥匙。 陪同交车顾客进行车辆检查;填写《新车交接确认表》,用简单易懂的语言进行车辆说明;利用《用户手册》向顾客介绍如何使用新车;利用《安全注意事项》进行安全说明。 基本话术:"这是您的三联发票、合格证、交税单,我给您放在档案袋里了,若有疑问请来电咨询。"	详细说明费用构成;仔细介绍车辆检查和维护;清点并移交车辆文件

续上表

关键时刻	工作要点	行为指导
车辆验收与操作说明时	协助顾客确认所定购的精品、附属件,告知赠送1/4箱燃油。 确认所有事项后,与顾客核对《交车过程及文件确认表》与《新车交接确认表》,并请顾客签名确认;向顾客介绍车辆操作事项。 基本话术:"××先生/小姐,您的爱车我们已为您清洁干净,同时需加装的精品也已为您加装好,请您验收。"	协助车辆验收;说明车辆操作注意项
交车仪式时	介绍销售部长、服务部长或其他人员与顾客认识;向顾客赠送鲜花,拍摄纪念照;向顾客及其家人赠送小礼物;经销店有空闲的工作人员列席交车仪式,鼓掌以示祝贺。 基本话术:"××先生,您好!我是本展厅的展厅经理××,这是我的名片,非常感谢××先生对我们工作的支持与信赖,我们将一如既往地为您服务!在此我很荣幸代表全体同仁向××先生致以最衷心的祝贺,祝您用车愉快!"	介绍相关人员与顾客认识;向顾客赠花及礼物并拍照
与顾客告别时	完成交车仪式后,当顾客离店时,汽车销售人员一定要与顾客告别,并确认顾客可接受的售后跟踪和联系方式,简要告知跟踪内容。 销售经理、售后经理、汽车销售人员等按规范礼仪要求送别顾客,目送顾客驾车离开。 向销售部长报告交车活动,完成"交车完成输入";预估顾客到达目的地的时间,致电确认安全到达。 基本话术:"××先生,您安全到家了吗?"	礼貌告别;确认跟踪方式;致电问候

八、售后跟踪和服务

汽车销售中没有一次交易的顾客,只有终生的顾客。在车辆交付后,汽车销售人员与顾客的关系不是终结,而是刚刚开始,通过售后跟踪,关注顾客汽车使用情况,与顾客间建立一种更稳固的信赖关系。

(一)售后跟踪和服务流程

售后顾客跟踪主要采用电话跟踪、DM/电子邮件、亲自拜访等方式,售后跟踪和服务流程如图 2-11 所示。

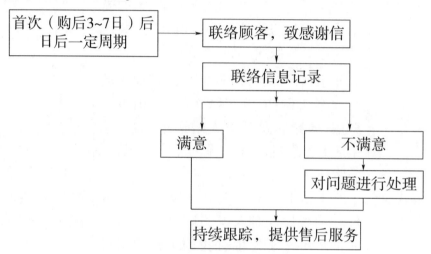

图 2-11 售后跟踪和服务

(二)售后跟踪和服务关键工作要点

售后跟踪和服务关键工作要点见表 2-23。

售后跟踪和服务关键工作要点表　　　　表 2-23

关键时刻	工作要点
售后跟踪	查阅顾客基本信息,确认重点内容,包括姓名、电话、购买车型及投诉等;销售人员在交车后 3 日内发给顾客《感谢信》,并电话致谢,确认车辆使用情况后做好记录;通知免费车检时间。 基本话术:"××先生,我是××店的汽车销售员小××,非常感谢您选购我们的××车,使用情况还好吧?""您的车差不到首保时间了,请您抽空到我们店作免费首保,以便更好地保护您的爱车。"

续上表

关键时刻	工作要点
顾客关系维系	销售部门:重视与已购车顾客建立日常联系,做好计划,通过电话,信件与顾客保持联系,请顾客推介潜在顾客;将维系工作规范化,确认何时做何事,每次售后跟踪后,及时更新资料。 售后部门:做好顾客维修记录,每次跟踪前检阅顾客信息;每3个月进行一次售后跟踪联络,积极引导顾客回厂

九、检查评价

(1)顾客接待情景演练。一顾客初次来到汽车展厅看车,销售顾问迎上前去进行顾客来店接待,学生分角色扮演,参考顾客接待项目评价表(表2-24)进行评分。

顾客接待项目评价表　　　　　　　　　　　　表2-24

序号	评分项目	评分标准	分值	得分
1	仪容仪表	(1)着装整洁大方	10	
		(2)仪容得体端庄	10	
		(3)精神饱满,笑容亲切	10	
2	顾客接待	(1)顾客来店,汽车销售人员能主动接待,热情招呼	5	
		(2)接待中,体现对顾客的尊重	5	
		(3)用语友善,对顾客没有压力	5	
		(4)握手、递名片、指引等礼仪规范	5	
3	关注顾客同行	(1)关注顾客同行的朋友、亲戚、小孩	5	
		(2)提供茶水、咖啡等免费饮料	5	
4	留下顾客信息	(1)让顾客留下信息	5	
		(2)让顾客理解留下信息的好处,并告知在未取得顾客的同意时不会打扰顾客	5	

续上表

序号	评分项目	评分标准	分值	得分
5	顾客离店	(1)对顾客惠顾表示感谢	5	
		(2)热情相送	5	
6	顾客信息整理	(1)在顾客离去后,整理顾客信息,立即填写A卡及《来店(电)顾客登记表》	10	
		(2)并设定明确的追踪目标,直到达成交易	10	
合计	综合评语:		100	

(2)顾客需求分析情景演练。一顾客来到汽车展厅,四处巡视。学生分角色扮演,重点进行需求分析。参考需求分析项目评价表(表2-25)进行评分。

需求分析项目评价表 表2-25

序号	评分项目	评分标准	分值	得分
1	交谈环境	(1)提供无压力的交谈环境	10	
		(2)引至洽谈区,让顾客感觉自在	10	
		(3)提供饮品	5	
2	收集顾客信息	(1)从寒暄开始,寻找与顾客的公共话题	5	
		(2)是否使用开放式提问,主动进行引导	5	
		(3)让顾客畅所欲言,不打断顾客的发言	5	
		(4)交谈中保持眼神接触,热情倾听	5	
		(5)善用提问技巧,保持顾客兴趣,鼓励顾客发言	10	
		(6)观察顾客的形体语言,获取尽可能多的顾客信息	5	

续上表

序号	评分项目	评分标准	分值	得分
3	谈话记录	征得顾客同意后,详细记录顾客谈话要点	10	
4	分析顾客需求	(1)顾问式地协助顾客总结其需求	10	
		(2)替顾客拣选可选购的车型	5	
		(3)充分解决和回复顾客的提问,并确认顾客满意	5	
5	问题协助	(1)遇到不懂的问题,是否请其他同事协助	5	
		(2)及时与上级沟通,汇报情况,获取支持和指导	5	
合计	综合评语:		100	

(3)商品介绍情景演练。汽车销售人员小王经过与李先生的交流,得知李先生是一名教师,首次购车,注重汽车的安全性、经济性、舒适性及售后服务。学生分角色扮演,重点按六方位绕车,结合顾客需求针对性介绍,运用FAB话术法。参考商品说明项目评价表(表2-26)进行评分。

商品说明项目评价表 表2-26

序号	评分项目	评分标准	分值	得分
1	商品说明准备	(1)掌握全面的商品知识	5	
		(2)熟练进行六方位说明	5	
		(3)充分了解竞品知识	5	
		(4)各种商品目录、展厅、展车、记录用笔和纸、介绍用道具等准备齐全	5	
2	商品介绍	(1)是否从顾客最关心的部位和配备开始说明	5	

续上表

序号	评分项目	评分标准	分值	得分
2	商品介绍	(2)结合顾客需要来进行商品说明	10	
		(3)借助商品手册进行辅助说明	5	
		(4)商品说明时用FAB法,突出给顾客带来的利益	10	
		(5)介绍时关注顾客的反应	5	
		(6)创造机会让顾客动手触摸或操作有关设备	10	
3	顾客异议处理	(1)肯定顾客的异议	5	
		(2)避免恶意贬低竞争产品	5	
		(3)正确而真诚应答	5	
		(4)妥善解决疑难问题	5	
4	介绍总结	(1)是否针对顾客需求,总结商品特点和顾客利益	10	
		(2)在商品目录上注明顾客需求的配备	5	
合计	综合评语:		100	

(4)报价说明签约成交情景演练。周六下午,中年公务员老孙再次来店看车并试乘试驾,乘驾后对车总体感受较好。学生分角色扮演,重点进行报价说明签约成交环节演练,确认顾客所选车型及保险、按揭等代办手续意向。参考报价说明和签约成交项目评价表(表2-27)进行评分。

(5)售后跟踪和服务演练。经过长达一个月的看车选车,公务员老孙终于高兴地把车开回了家。学生分角色扮演,重点进行售后跟踪和服务环节演练。注意电话回访礼节,及时处理顾客使用中出现的问题,并做好相关记录。参考售后跟踪和服务项目评价表(表2-28)进行评分。

项目二 汽车销售

报价说明和签约成交项目评价表　　　表2-27

序号	评分项目	评分标准	分值	得分
1	报价前的准备	(1)必备文件齐全	5	
		(2)必要工具齐全	5	
		(3)确定顾客相关信息	5	
2	销售方案的确定	(1)是否按顾客的需求拟定销售方案,包括保险、贷款、选装件、二手车置换等事宜	5	
		(2)清楚解释销售方案中的所有细节	5	
		(3)是否让顾客自主地审核销售方案	5	
		(4)随时回答顾客的问题,引导顾客迈向成交之路	5	
3	说明汽车商品价格	(1)有无使用报价表格准确地计算	5	
		(2)说明商品价格及相关选装件的价格	5	
		(3)明确自信地向顾客说明应付的款项与所有费用和税金	5	
4	合同填写	(1)以"顾客第一"的态度来操作签约的程序	5	
		(2)准确、清晰地填写合同中的相关资料	5	
		(3)协助顾客确认所有的细节	5	
5	顾客异议	(1)是否坚持"顾客第一"的态度来处理顾客异议	5	
		(2)不对顾客施加压力,表示理解,给顾客足够的考虑时间	5	

续上表

序号	评分项目	评分标准	分值	得分
5	顾客异议	(3)顾客决定不成交时,进行专业引导	5	
		(4)以正面的态度积极跟踪,保持联络	5	
6	签约后与顾客联系	(1)约定交车时间	5	
		(2)顾客等车期间是否与顾客保持联络	5	
		(3)交车有延误时,是否第一时间通知顾客并表歉意	5	
合计	综合评语:		100	

售后跟踪和服务项目评价表 表 2-28

序号	评分项目	评分标准	分值	得分
1	购后电话致谢	(1)跟踪前查阅顾客基本信息,确认重点内容	5	
		(2)销售人员是否在交车后 3 日内发出感谢函	5	
		(3)3~7 日内,电话致谢	5	
		(4)拨打电话讲究电话礼仪	10	
2	售后跟踪服务	(1)制订顾客跟踪管理计划	5	
		(2)通过电话、信函与顾客保持联系,将联系工作规范化	10	
		(3)交车后每 3 个月应主动联系顾客,了解其使用情况	10	
		(4)主动邀请顾客参加促销活动	5	
		(5)主动请顾客提供可能的潜在顾客购买信息	5	

续上表

序号	评分项目	评分标准	分值	得分
3	售后跟踪结果处理	(1)对不满意顾客,在记录的同时,提供解决方法	10	
		(2)对无法立即在电话中提出改善方法的顾客,应尽早回电提供解决方案	10	
		(3)设定相应的归档与转接手续,以保持长期的顾客满意度	20	
合计	综合评语:		100	

课题三 顾客异议处理

在实际的汽车销售工作中,需求分析、产品介绍、试乘试驾等步骤中顾客都有可能会提出异议。这既是销售过程中的一种正常现象,也是使销售走向成功时必须跨越的障碍。从这个意义上说,遇到顾客异议才算整个汽车销售工作的真正开始。因此,正确对待并妥善处理顾客所提出的有关异议,是汽车销售人员必须具备的能力,只有正确分析顾客异议的类型和产生的原因,并针对不同类型的异议,采取不同的策略,妥善加以处理,才能消除异议,促成交易。

一、顾客异议处置技巧

(一)顾客异议的概念

顾客异议是在汽车销售过程中,顾客对产品或汽车销售人员推介内容与方式产生的不满而引起的抱怨或不合作,使交易无法继续进行的情形。

(二)顾客异议的种类

常见的几种顾客异议,见表2-29。

常见的几种顾客异议　　　　　表 2-29

异议类别		示　例
真实异议	价格太高的异议	(1)同等品质的车子,你们的价格太高了。 (2)这个配置不值这个价。 (3)同样的车子别人的经销商比你们便宜很多。 (4)你们的价格怎么和网上的报价相差 5000 多
	质量问题异议	(1)这个车子质量行不行? (2)听说这车是个"油老虎",油耗很高? (3)我听朋友说这车子容易坏,经常有些小毛病
	售后服务担心的异议	(1)你们售后服务怎么样? (2)听朋友说你们的售后服务态度不太好,效率不高? (3)你们在当地的维修点好像不多,售后维修麻烦
	交易条件的异议	(1)什么时候能提车? (2)你再优惠 5000 块钱,我现在就买
	对公司不满的异议	(1)公司的品牌知名度不高。 (2)前几天新闻又报道你们的车子由于制动系统不好被召回,看来你们公司的产品问题很多
	对销售人员的异议	(1)你答应给我安排试乘试驾的,怎么现在又不行? (2)你这个人怎么这样,说好今天提车的,怎么又要推迟 7 天

项目二　汽车销售

续上表

异议类别		示　　例
虚假异议	顾客用借口、敷衍的方式应付销售人员	顾客内心认为车辆价格过高,嘴上却说要与家人商量商量再说
	顾客提出很多异议并不是顾客真正在乎的地方	顾客提出"车子的品牌知名度不高",其实真正担心的是售后服务无法保证
隐藏的异议	提出各种并不真正在意的异议,从而满足顾客真实愿望	如客户希望降价,但却提出品质、外观、颜色等异议,以降低产品的价值,从而希望达成降价的目的

(三)顾客异议产生的原因

1. 顾客方面的原因

顾客异议的产生原因是多方面的,销售人员应针对顾客异议产生的不同原因采取相应措施,见表2-30。

顾客方面的异议应对　　　　　　　　　　　表2-30

顾客异议	应对措施
自我保护	绝大多数的顾客所提出的异议都是在进行自我保护。因此,销售人员要注意唤起顾客的兴趣,提醒顾客购买推销品所能带来的利益,才能消除顾客的不安,排除障碍,进而达成交易
缺乏车型信息	一些新汽车技术易导致顾客异议的产生,因此销售人员应从关心与服务顾客的角度出发,以各种有效的展示与演讲方式深入浅出地向顾客推荐产品,以便有效地消除顾客异议
情绪不佳	顾客因情绪不佳提出异议时,销售人员需理智和冷静,做到以柔克刚,缓和气氛;反之,就可能陷入尴尬境地
决策权有限	顾客因决策权力不足导致异议,销售人员要准确判断,持续跟进

续上表

顾客异议	应对措施
缺乏购买力	顾客缺乏购买力,会利用其他异议来掩饰缺乏购买力的真正原因。销售人员要认真分析顾客缺乏购买力的原因,以便作出适宜的处理
顾客的购买经验与成见	顾客以往的购买经验,会对产品或销售人员的产生偏见,销售人员应该耐心进行解释,鼓励顾客多实际体验,努力改变顾客的看法

2. 产品方面的原因

汽车产品方面的原因,也可能引起顾客的异议,见表2-31。

产品方面的顾客异议　　　　　表2-31

产品方面	异议原因
汽车产品本身	因产品的质量、性能、外观等产生异议
汽车购买价格	顾客主观上认为产品价格太高,物非所值;顾客希望通过价格异议达到其他目的;要解决价格异议,汽车推销人员必须加强学习,掌握丰富的产品知识、市场知识、竞品知识和一定的推销技巧,提高自身的业务素质
汽车品牌	汽车产品品牌一定程度上可以代表产品的性能,也是顾客社会地位的一种体现。顾客因为对品牌的不了解提出品牌异议
售后服务	对于汽车产品其售后服务是顾客在购买时考虑的重点问题之一。在日益激烈的市场竞争中,顾客对售后服务的要求越来越高。售后服务的好坏直接影响到顾客的购买行为

3. 销售人员方面的原因

顾客的异议可能是由于销售人员素质低、能力差造成的。例如,汽车销售人员的商务礼仪不当;不注重自己的仪表;对产品知识一知半解,缺乏信心;销售技巧不熟练等。因此,汽车销售人员能力、素质的高低,直接关系销售洽谈的成功与否。

4. 企业方面的原因

在销售洽谈中,顾客的异议有时还会来源于企业。例如,企业经营管理混乱,不守信用,购买环境较差,企业知名度不高等。这些都会影响到顾客的购买行为,顾客对企业没有好的印象,自然对企业所销售的汽车就不会有好的评价,也就不会去购买。

(四) 异议处理的步骤

在汽车销售中,异议的产生是无法避免的,那么作为汽车销售人员应该怎样应对这些异议呢?具体步骤见表2-32。

顾客异议处理的步骤　　　　　　　　　　　　表2-32

步　　骤	行为指导及基本话术
开场接受、认同	对顾客的异议表示接受、认同,接受、认同的是顾客的感受而非他们的观点,使顾客感受尊重、关注,稳定顾客情绪。 基本话术:"嗯,我明白您的担心。""是的,我理解您有这样的想法。"
了解动机	通过询问、交流确认顾客异议背后的真实动机。 基本话术:"您最担心的是……对吗?""您认为价格高了点是吗?""为什么您这样认为?""您的朋友有类似的体验,对吗?"
针对性解释	针对异议的真正原因,运用专业知识帮助顾客了解事实,消除顾虑。 基本话术:"我明白您的顾虑,但车身钢板薄不等于不安全!汽车的碰撞强度主要是看钢板的强度而不是厚度。这辆车采用的是高强度的铝合金,它虽然不厚,但是强度很高。"
询问顾客是否满意	针对性解释后,询问顾客是否满意,判断异议是否真的被处理。 基本话术:"您现在还有这个担心吗?"

（五）异议处理的技巧和方法

除了正确的异议处理步骤外，采取恰当的技巧和方法，对异议的解决则更加有效。常用的异议处理技巧与方法见表2-33。

异议处理技巧和方法　　　　表2-33

方法	含义	行为指导
忽视法	当顾客提出一些反对意见，并不是真的想要获得解决或讨论，这些意见和眼前的交易扯不上直接的关系，此时只要面带笑容同意，引开话题	面对微笑、点头认可。 基本话术："嗯，我明白您的担心。""你真幽默。""是啊，我们这款车为什么不找刘德华做代言呢，您讲得很有道理。"
补偿法	当顾客提出异议且有事实依据时，应该承认并欣然接受，强力否认事实是不明智的举动，但要设法给客户一些补偿，让顾客取得心理上的平衡	欣然接受、设法弥补。 基本话术："我们是第二位，因此我们更努力！""车身短有助于您方便地停车"
太极法	太极法取自太极拳中的借力使力。当顾客提出某些不购买的异议时，销售人员应巧妙地将客户的反对意见，直接转换成为什么他必须购买的理由	陈述带给顾客的利益。 基本话术："这正是我认为你要购买的理由！""车子除代步外，也是您身份的象征，像您这样的成功人士，车子也应该符合您的身份才行。"
询问法	通过多问"为什么？"把握住顾客真实的异议，听取顾客反对的理由，并积极思考处理方法。在询问交流中，直接化解顾客的意见	多问"为什么？"，仔细聆听，分析并思考处理。 基本话术："××先生，您觉得这款车价格太高，请问您是和什么车相比呢？您感觉它应该在什么价位才合理？"

续上表

方法	含义	行为指导
肯定法	屡次正面反驳顾客会让客户恼羞成怒，就算销售人员说的都对，而且也没有恶意，也会引起顾客的反感，因此，销售人员最好不要开门见山地直接提出反对的意见。在表达不同意见时，要先肯定顾客意见	肯定顾客意见，委婉提出看法。 基本话术："您需要时间考虑，我很理解！如果您能简述一下您关心的问题，我或许能够提供更有价值的意见供您参考！"
直接反驳法	当顾客对企业的服务、诚信有所怀疑或当顾客引用的资料不正确时，就必须直接反驳，因为顾客若对你企业的服务、诚信有所怀疑，你拿到订单的机会几乎是零。此时，你能以正确的资料佐证你的说法，顾客会很容易接受，反而对你更信任	分析异议，有关企业服务和诚信的误解，用事实材料直接反驳。 基本话术："您刚才说我们的生产设备技术落后，可我们今年还刚评上年度十大品牌车呢，您看这是证书。"

二、实训情景设计

(1)作为一名汽车4S店的汽车销售人员，请针对顾客不同类型，预先考虑顾客可能会提出的异议，并思考解决方案。

(2)以小组为单位，通过角色扮演模拟训练顾客异议的处理。

三、检查评价

方案一：教师以知识问答的形式进行提问检查。

根据教师列出的顾客异议，提出可行的解决方案。每个顾客异议各5分。

方案二：情景模拟顾客异议进行考核。

结合实训情景设计，各小组推荐代表进行顾客异议表演展示，其他小组结合评分表2-34，对表演者进行评分。

顾客异议处理考核评分表　　　　表 2-34

序号	评分项目	评分标准	分值	得分
1	处理态度	是否关注顾客异议	5	
		是否尊重顾客	5	
		是否愿意提供更多的信息	5	
		是否耐心	5	
		语气要好	5	
		无强迫顾客接受自己观点	5	
		无东张西望	5	
		保持微笑	5	
		及时回应顾客	5	
2	处理时机	顾客异议的处理时机把握	10	
3	异议处理的步骤	是否对顾客异议表示接受、认同	5	
		是否了解顾客异议背后的动机	5	
		是否对顾客异议进行针对性解释	5	
		是否确认顾客是否满意	5	
4	专业知识	对产品知识掌握的全面性	25	
合计	综合评语：		100	

课题四　我国汽车销售渠道的主要模式及特点

一、汽车销售渠道的基本知识

1. 汽车销售渠道的概念

汽车销售渠道是指当汽车产品从汽车生产企业向汽车消费者移动时，直接或间接转移汽车所有权所经过的途径，是沟通汽车生产者和汽车消费者之间关系的桥梁和纽带。

2. 汽车销售渠道的功能和作用

汽车销售渠道的功能和作用,见表2-35。

汽车销售渠道的功能 表2-35

功　　能	简　　介
信息的收集、提供功能	通过汽车销售中间商或者直接接触市场和消费者,收集制订计划和进行交换时所必需的信息,了解市场的动向和消费者实际状况
市场预测功能	通过信息的收集,进一步预测汽车市场的需求
刺激需求,促进销售功能	分销渠道系统通过其分销行为和各种促销活动来创造需求、扩展市场
新产品投放功能	汽车制造厂家通过分销系统向市场投放汽车新产品和有关汽车新车产品的信息
售后服务功能	制造商、销售商、维修商、配件商等服务商为客户及其所拥有的汽车提供的全过程、全方位服务
调整、配合功能	按照买主的要求调整供应的产品,包括分等、分类和包装等活动
物流功能	产品从生产者转移到消费者或用户离不开储存和运输
谈判功能	代表买方或者卖方参加有关价格和其他交易条件的谈判,以促成最终协议的签订,实现产品所有权的转移
承担风险功能	在产品分销过程中承担与渠道工作有关的全部风险
融资功能	收集和分散资金,以负担分销工作所需的部分费用或全部费用

3. 我国汽车销售渠道的发展阶段

我国汽车销售渠道的发展阶段,见表2-36。

我国汽车销售渠道的发展阶段   表 2-36

发展阶段		简　介
阶段一 （1978 年以前）	高度计划的分配流通阶段	在计划分配阶段，产品严格按照计划分配，物资机电部门统一销售，汽车生产部门不直接销售汽车。当时的销售主体、销售品种、销售方式、销售价格等都是单一的，市场呈卖方市场。 在该阶段，中央和地方政府一直控制着汽车生产与分配的全部过程。汽车生产厂家没有自主经营营销权，只负责按国家计划生产，流通由国家指定的经销部门负责
阶段二 （1979—1993 年）	自销体系的建立阶段	在计划经济向市场经济转型阶段，国家计划逐年下降，汽车自由市场基本形成，市场开始起决定作用。这一阶段，尽管汽车市场有起有落，但总体还是以卖方市场为主，汽车销售成为高利润行业。汽车销售渠道以物资机电部门和汽车工业销售部门为代表，以国有汽车销售体系为主，同时以整车厂为主建立的自销体系逐渐壮大，营销方式以店铺营销和人员推销为主
阶段三 （1994—1998 年）	以汽车生产企业为主导的营销流通体系的确立	市场经济阶段，市场机制起到决定性作用。这一时期，汽车销售部门形成大、中、小规模并行，厂商、物资部门、中国汽车销售系统和汽车交易市场并举，国有、集体、个人多种所有制形式并存的局面

续上表

发展阶段		简　介
阶段四 (1999—2015年)	以经销商为主体的"四位一体"汽车特约销售服务模式(4S店模式)	1999年3月26日,第一家广汽本田汽车特约销售服务店开业;集整车销售、售后服务、零配件供应、信息反馈四种功能为一体的特约销售服务网络。通过提供舒适的购车环境,专业健全的全程服务,纯正的零部件供应,及时、丰富而准确的信息交流,赢得客户的信赖,形成稳定的市场格局。这种"四位一体"的品牌专卖、特许经营模式的销售网络之后被称为"4S店"
阶段五 (2015年至今)	多种销售业态呈现,4S店模式与电商模式融合发展,线上线下结合,新零售模式逐渐成为主流	该阶段不断涌现新的销售业态,汽车超市、大卖场等销售模式;上汽车车享、易鑫体验店、车商城等汽车电商平台相继发展;专业二手车电商平台,B2C模式如广汇认证二手车,C2C模式如人人车、瓜子二手车等。汽车电商平台与线下实体店结合,以大数据为依托,通过数据整合,对接消费者需要,引导消费者线上选车或订车,线下感受,完成交易

4. 国外汽车销售渠道模式

国外汽车销售渠道模式,见表2-37。

国外汽车营销主要模式　　　　　　　　表2-37

代表国家	销售模式
美国	汽车生产厂家为主导的专营代理营销流通模式。营销流程为:汽车生产厂家→地区管理分公司(各地事务所)→顾客

续上表

代表国家	销售模式
韩国	汽车生产厂家直接营销的流通模式。营销流程为：汽车生产厂家→汽车生产厂家的营销分店→顾客
日本	既有通过独立经销商,也有通过厂家出资经销商进行营销的流通模式。其营销流程以上两种皆有

5. 现阶段我国汽车销售渠道的主要模式

现阶段我国汽车销售渠道的主要模式见表2-38。

我国汽车销售常见的几种模式　　　　　表2-38

模式	特点
代理制和市场责任制	代理商大多是独立中间商,一般从事整车销售代理业务,也是汽车生产厂家的售后服务站。生产厂家对代理商的进货渠道、销售地区、代理佣金及其支付方式等都有明确规定。汽车厂家可将全国市场划分为若干市场区域,通过合理划分市场责任区范围,使各渠道成员保持适度规模经营
"四位一体"专卖店	"四位一体"即汽车销售、零部件供应、售后服务和信息反馈,集多功能于一体的专卖店,一般是由汽车厂家统一制定经销商"四位一体"的管理标准、技术标准、服务收费标准,统一培训经销人员和维修人员,最大限度地满足顾客的需求,使客户从购车到用车的全过程得到良好的服务,真正实现了以消费者为本的经营理念
汽车有形市场	汽车有形市场即汽车交易市场,是百货超市式的大型汽车交易市场,集纳众多的经销商和汽车品牌于同一场地,形成了集中的、多样化交易场所,工商、交管等部门现场办公,并设有专人协办、代办牌照,既提高购车效率,又降低交易成本
汽车园区	汽车园区是汽车有形市场发展的新阶段,与国际汽车市场接轨,以轿车为主、商务用车和专用车为辅,以汽车相关产业为重点顺延至其他行业,形成"四位一体"专卖店集群的高中档次的汽车贸易服务园区。园区集汽车交易、服务、展示、文化等众多功能,体现汽车销售由单一专卖店走向集约化、趋同性趋势

续上表

模 式	特 点
汽车超市	同时经营多种汽车品牌,具有车展、销售、美容、维护以及贷款、保险、办理牌照等一站式服务功能,帮助用户办理购车手续,方便用户购车;汽车超市既是多品牌汽车销售中心,又是休闲娱乐的场所,顾客在这里可以充分体验汽车文化,又可以比较、判断、筛选所需的汽车产品
汽车电商O2O模式	汽车电商O2O模式成为整车流通领域的趋势,汽车电商平台主要有:以汽车之家、易车为代表的汽车垂直网站;天猫、京东等电商平台;汽车制造商集团自建平台,如上汽集团的车享网;大型汽车经销商集团自建平台,如庞大集团的电子商城;跨界合作平台,如阿里与广汇共建的二手车O2O平台等,通过汽车电商平台,消费者获取汽车资讯、了解车型,为线下实体店集客、引流

6. 当前国内汽车销售渠道的特点

中国汽车工业虽起步较晚,但发展迅猛,汽车消费市场潜力巨大,营销渠道形式呈现多样化,4S店仍然是最主流的汽车销售渠道模式,但随着互联网发展,新渠道模式不断出现。我国汽车销售渠道特点见表2-39。

我国汽车销售渠道的特点 表2-39

特 点	简 介
4S店仍然是主流的汽车销售渠道模式,但在不断创新变革中	4S店集整车销售、零配件、售后服务、信息反馈功能于一体,拥有统一的外观形象、统一的标识、统一的管理标准。目前国内一线城市的4S店数量已经趋于饱和,西部地区、三线市场的4S店数量有所上升。未来一段时间内,以4S店为主导的汽车销售和服务模式仍将是主流,因为消费者对于汽车销售和售后的核心诉求还是优质的产品和服务,而4S店这一模式无疑有明显优势,在互联网趋势下,4S店模式在不断创新变革中,通过提供汽车后市场产品满足客户需求,延长汽车后市场产业链,提供"汽车终身服务解决方案"

续上表

特 点	简 介
随着互联网发展，新渠道模式不断出现，汽车品牌体验店和体验空间将成为国内汽车企业对销售模式探索的新发力点	汽车经销商集团推出"汽车超市"零售业态，"汽车超市"所销售的车辆均是在汽车经销商集团内部各4S店间进行直接调配，不与汽车厂家发生直接关系。多品牌合一4S店，4S店的部分功能如零部件供应和售后服务合并，取得规模经济。家电零售商和连锁超市布局汽车销售业务形式，前者如苏宁易购汽车超市、国美汽车，后者如"汽车+超市"的综合卖场模式。O2O汽车电商，建设官方网站外，入驻天猫等主流电商平台，并开设线下实体门店。体验店，为消费者提供新车交易、二手车交易、汽车贷款、汽车保险、汽车租赁、车主信用卡等涵盖汽车消费周期的多项业务，不仅可以提供全面的售前售后服务，更将为用户带来全新愉悦的购车、养车体验，随着"互联网原住民"成为购车主力军，汽车品牌体验店和体验空间将成为国内汽车企业对销售模式探索的新发力点
销售渠道信息化水平不高，网上销售渠道与传统的销售渠道的整合尚待提高	销售渠道的信息化分为三个方面：一是汽车制造企业内部信息化；二是消费者的信息化；三是互联网和汽车制造企业之间的信息化。 目前，汽车销售渠道的某些环节中的信息化实际运用已经较为普遍，如办公自动化、财务管理等都已经渗入汽车企业营销的各个方面。很多汽车企业都通过自建网站发布信息、宣传品牌、反馈信息等，但汽车专业网站和汽车制造企业之间的信息化水平和合作程度仍有待提高

7. 我国汽车销售模式的发展趋势

随着汽车行业的蓬勃发展，我国汽车产品销售的发展趋势见表2-40。

我国汽车销售模式的几种发展趋势　　表2-40

发展趋势	简 介
"直营店+官网"的售卖和服务模式	通过线上获客、线下服务，为消费者带来更便捷的购买体验。用户在直营店，不仅可以体验丰富的产品和优质的服务，还可以举办粉丝社群的线下活动，将品牌服务、用户体验、产品和技术等方面做到全方位突破，为消费者带来与众不同的购车体验

续上表

发展趋势	简　介
新零售模式	新零售为风向的汽车销售正在引领新的风潮,新零售不拘泥于单纯的线上和线下,而是根植于用户体验、技术和数据支持、供应链把控、跨界经营的价值链重构,整个市场包括汽车厂商、银行、保险、分销商、客户以及金融公司,不断加强紧密合作,走向共赢局面。汽车新零售是并行于传统4S店之外的全新商业模式,通过线上线下的相互融合补充,既能起到为经销商减负的作用,同时也拓展了自身的销售覆盖面。而站在消费者的角度,利用互联网的新零售模式也能带来更便捷、更透明的消费体验

从我国汽车营销的发展历史来看,中国汽车营销模式很大程度上受国外汽车营销模式的影响。但是,新的竞争环境下,国内汽车营销不能局限于借鉴国外的模式,要创新出自己的具有显著效益的模式。只有那些不拘泥于传统营销模式、勇于创新、开拓进取的企业,才能率先在竞争中脱颖而出,赢得市场。

二、汽车网络营销模式的基础知识

1. 汽车网络营销的定义

网络营销是企业整体营销战略的一个组成部分,借助国际互联网为基础,利用数字化的信息和网络媒体的交互性来满足客户需求与欲望,是为实现企业总体经营目标所进行的营销活动,其实质是利用互联网对产品的售前、售中、售后各个环节进行跟踪服务,包括市场调研、客户分析、产品分析、销售策略和反馈信息等方面内容。简单来说,网络营销就是以互联网为主要手段开展的营销活动。汽车网络营销通过互联网让汽车购销双方在足不出户的条件下即可实现网上看车、选车、咨询、订单生成的全过程,突破了时间和空间的限制,轻松便捷地完成选车购车的全过程,完成汽车企业营销所进行的营销活动。

2. 汽车网络营销优势

与传统的汽车营销模式相比,汽车网络营销具有表2-41所示优势。

汽车网络营销优势 表2-41

特　点	简　介
跨时空	借助互联网营销,可以实现每周7天、每天24小时的营销模式,企业经营突破时间与空间限制,为客户提供资讯和服务,客户可根据自身需求自主咨询、下单和采购,提高成交率,以达到尽可能多地占有市场份额的目的
经济性	互联网商城的建立,省去了装修汽车实体商城花费的巨额资金,免交租金、员工培训、水电与人工等销售成本,同时避免汽车实体商城中一旦市场开发不成功很难退出市场所带来的损耗,降低经营风险
精细化	客户根据自己的偏好和消费需求自主选择查阅企业在互联展示的车辆信息并购买车辆,企业可根据互联网的大数据分析及时了解客户的购车需求,最大限度细分市场,精准为客户提供所需的汽车产品
整合性	在互联网上开展的汽车营销活动,从车辆信息发布到交易成功以及售后服务全过程,是一种全程的营销渠道,汽车企业可根据市场需求借助互联网将不同的传播营销活动进行统一的设计规划和协调实施,通过统一的传播途径向客户传达信息,从而可以避免不同传播渠道中的不一致性产生的消极影响
超前性	互联网兼具渠道、促销、电子交易、互动顾客服务以及市场信息分析与提供等多种功能,是一种功能强大的营销工具,并且它所具备的一对一营销能力,正迎合了定制营销与直复营销的未来趋势
技术性	网络营销是建立在以高科技作为支撑的互联网基础上的,汽车企业在实施网络营销时必须有一定的技术投入和技术支持,必须改变汽车企业传统的组织形态,提升信息管理部门的功能,引进懂营销与计算机技术的复合型人才,方能具备和增强本企业在网络市场上的竞争优势

3. 汽车网络营销的常用方法

汽车网络营销的常用方法见表2-42。

汽车网络营销的常用方法　　　　　表2-42

方　　法	简　　介
搜索引擎营销	搜索引擎营销(Search Engine Marking,简称SEM)就是根据用户使用搜索引擎的方式,利用用户检索信息的机会尽可能将营销信息传递给目标用户。根据搜索引擎推广的原理,其之所以能够实现,需要有五个基本要素:信息源(网页)、搜索引擎信息索引数据库、用户的检索行为和检索结果、用户对检索结果的分析判断、对选中检索结果的点击。对这些要素以及搜索引擎推广信息传递过程的研究和有效实现就构成了搜索引擎推广的基本任务和内容
交换链接	交换链接也称为友情链接、互惠链接、互换链接等,是具有一定互补优势的网站之间的简单合作形式,即分别在自己的网站上放置对方网站的LOGO或网站名称,并设置对方网站的超链接,使得用户可以从合作网站中发现自己的网站,达到互相推广的目的
网络广告	网络广告就是在网络上做的广告。通过网络广告投放平台来利用网站上的广告横幅、文本链接、多媒体的方法,在互联网刊登或发布广告,通过网络传递到互联网用户的一种高科技广告运作方式
微博营销	微博营销是指通过微博平台进行的营销方式,指商家或个人通过微博平台发现并满足用户各类需求的商业行为方式。微博只有140字,但对于企业来说,它可以包括品牌推广、活动策划、产品推广等一系列的营销活动,成功的微博营销可以迅速将产品信息传递给公众,树立品牌形象,从而影响消费者行为
嵌入式营销	所谓嵌入式营销,是指将产品或品牌及其具有代表性的视觉和语音符号,甚至服务内容,通过场景再现,战略性地整合到媒体活动或事件中,使人们无意识地对产品或品牌留下印象,进而达到营销宣传的目的。汽车产业的嵌入式营销要体现在互联网衍生的娱乐产品上

续上表

方　法	简　介
视频营销	视频营销基于视频网络平台，以内容为核心，以创意为导向，利用精心策划的视频内容实现产品营销与品牌传播的目的。视频营销是"视频"和"互联网"的结合，既有电视短片的优点（如感染力强、形式内容多样、创意新颖等），又有互联网营销的优势（如互动性强、主动传播性强、传播速度快、成本低廉等）。以创意视频的方式将产品信息移入视频短片中，更容易被用户群体所接受
网上4S店	网上4S店作为一种全新的网络购车工具，不论是对于生产商、销售商还是消费者都具有非凡的意义。它通过全方位地整合资源，颠覆了传统的购车方式，满足了生产商对品牌的展示需求和销售商对销售的需求，同时最大限度地满足了消费者的多元化需求

三、实训情景设计

结合本课题所说知识，选取三个汽车品牌，对其销售渠道模式进行整理、比较、分析，并制作成PPT。

四、检查评价

方案一：教师以知识问答的形式进和提问检查。
(1)我国常见的销售渠道模式有哪些？
(2)我国的销售渠道的模式具有哪些特点？
方案二：结合实训情景设计，制作PPT，各小组推荐代表对汽车品牌销售渠道进行分析展示，其他小组结合表2-43，进行评价。

汽车品牌销售渠道分析展示评分表　　　　表2-43

序号	评分项目	评分标准	分值	得分
1	汽车品牌选取	三个汽车品牌选取有一定区分度	15	
2	销售渠道模式	渠道模式提炼正确、分析到位	45	

续上表

序号	评分项目	评分标准	分值	得分
3	PPT 制作	PPT 总体风格统一美观	10	
		框架结构清晰	10	
4	展示形象	汇报清晰精简	10	
		仪态得体大方	10	
合计	综合评语：		100	

项目三　汽车促销

📝 项目描述

当今汽车市场，优良的汽车产品数不胜数，企业要想在竞争日益激烈的市场中占有优势，必须要进一步激发消费者的购买欲望，实现汽车产品的销售。企业促销能力是企业市场营销能力的重要组成部分，需要变换不同的汽车促销策略来适应不断变化的汽车市场，使市场营销取得预期的效果。

该项目要求汽车企业与现有的、潜在的消费者进行有效的沟通，特别是人员促销，要求促销人员灵活运用所学知识激发消费者的购买欲望，实现汽车产品的销售。

知识目标

(1) 熟知汽车促销组合的主要方式、手段及各自不同的特点；
(2) 熟知汽车广告促销的方法。

技能目标

(1) 能运用所学知识设计广告创意；
(2) 能够根据具体情况制订汽车促销策略；
(3) 能完成汽车促销任务。

素养目标

(1) 培养诚信精神；
(2) 增强团队协作意识；
(3) 提升与人沟通能力。

建议课时

10课时。

项目三 汽车促销

课题一 汽车促销的方法和手段

一、汽车促销的方法和手段概述

(一) 促销的概念及作用

1. 促销的概念

促销是指企业营销部门通过一定的方式,将企业的产品信息及购买途径传递给目标用户,激发用户的购买兴趣,强化购买欲望,甚至创造需求,从而促进企业产品销售的一系列活动。

2. 促销的作用

促销在汽车产品的销售过程中,发挥着关键的作用,见表3-1。

促销的作用　　　　表3-1

作　用	内　涵　简　述
提供商业信息激发购买欲望	通过促销宣传,引起顾客注意,激发并强化购买欲望,为实现和扩大销售做好舆论准备
突出产品特点提高竞争能力	促销活动通过宣传企业的产品特点,提高产品和企业的知名度,加深顾客对产品的了解,增强信任感,提高企业和产品竞争力
强化企业形象巩固市场地位	恰当的促销活动可以树立良好的企业形象和商品形象,能使顾客对企业及其产品产生好感,从而培养和提高用户的忠诚度
开发潜在需求拓展市场空间	企业通过促销活动诱导需求,有利于新产品打入市场和建立声誉,有利于开发顾客潜在需求,为企业持久地发掘市场需求提供可能性

(二)汽车促销组合

1.汽车促销方式与特点

汽车促销的方式主要有人员促销和非人员促销两类,如图 3-1 所示。汽车促销的主要特点见表 3-2。

图 3-1　汽车促销方式

汽车促销主要特点　　　　表 3-2

促销方式	优　点	缺　点
人员促销	促销方法灵活,利用深谈,容易激发兴趣,促成及时成交	费用较大,人才难觅
广告促销	信息艺术化,触及面广,易引起注意,多次运用可加深印象	说服力较小,难以促进即时购买行为
营业推广	吸引力较大,能改善顾客的购买习惯	可能引起顾客的顾虑和不信任
公共关系	影响面广,容易取得消费者信任	见效不如其他形式快

2.汽车促销组合概念

汽车促销组合就是把广告、销售促进、人员促销、公共关系等各种不同的汽车促销方式有目的、有计划地结合起来,并加以综合运用,以达到特定的促销目标。这种组合既可包括上述 4 种方式,也可包括其中的 2 种或 3 种。由于各种汽车促销方式分别具有不同的特点、使用范围和促销效果,所以要结合起来综合运用,以便更好地突出汽车产品的特点,加强汽车企业在市场中的竞争力。

3. 汽车促销组合影响因素

(1) 汽车促销目标及相对应的促销组合。

根据不同的促销目标,可以作出不同的促销组合方式,见表 3-3。

汽车促销目标及相对应的促销组合　　　　表 3-3

促 销 目 标	促 销 组 合
提高汽车产品的知名度	重点应放在广告促销上,辅之以公共关系宣传
让消费者了解汽车产品的性能和使用方法	应采用适量的广告、大量的人员促销和公共关系
取得汽车产品的促销效果	重点应该是销售促进、人员促销,并安排一些广告宣传

(2) 汽车"推动式"销售与"拉动式"销售。

在汽车销售渠道过程中,采用"推动式"销售还是"拉动式"销售,对汽车促销组合有较大的影响,见表 3-4。

汽车"推动式"销售与"拉动式"销售特点　　　　表 3-4

销售方式	特　　点
"推动式"销售	这是一种传统式的销售方式,指汽车企业将汽车产品推销给总经销商或批发商
"拉动式"销售	这是以市场为导向的销售方式,指汽车企业(或中间商)针对最终消费者,利用广告、公共关系等促销方式,激发消费需求,经过反复强烈的刺激,消费者将向中间商指名购买这款汽车产品,这样,中间商必然要向汽车企业进货,从而把汽车产品拉进汽车销售渠道

(3)汽车市场性质。

不同汽车市场,由于其规模、类型、潜在消费者数量的不同,应该采用不同的促销组合,见表3-5。

汽车市场性质及对应促销方式搭配　　　　表3-5

汽车市场性质	对应促销方式
规模大,地域广阔	多以广告为主,辅之以公共关系宣传
规模小,地域不广	以人员促销为主
消费者众多,却又零星分散	应以广告为主,辅之以营业推广、公共关系宣传
汽车用户少,购买量大	宜以人员促销为主,辅之以销售促进、广告和公共关系宣传
潜在汽车消费者数量多	应采用广告促销,有利于开发需求
潜在汽车消费者数量少	宜采用人员促销,有利于深入接触汽车消费者,促成交易

(4)汽车产品档次。

不同档次的汽车产品,应采取不同的促销组合策略。一般说来,广告一直是各种档次汽车市场营销的主要促销产品;而人员促销则是中、低档汽车的主要促销工具;销售促进则是高、中档汽车的主要促销工具。

(5)汽车产品生命周期。

汽车产品同其他的商品一样,具有其自身的产品周期,见表3-6。

汽车产品生命周期　　　　表3-6

生命周期阶段	适宜采用的促销手段
导入期	多数消费者对新产品不了解,促销目标是使消费者认知汽车产品,应主要采用广告宣传介绍汽车产品,选派促销人员深入特定消费群体详细介绍汽车产品,并采取展销等方法刺激消费者
成长期	促销目标是吸引消费者购买、培养汽车品牌偏好、继续提高汽车市场占有率,仍然可以广告为主,但广告内容应突出宣传汽车品牌和汽车特色,同时也不要忽略人员促销和销售促进,以强化产品的市场优势,提高市场占有率

项目三 汽车促销

续上表

生命周期阶段	适宜采用的促销手段
成熟期	促销目标是战胜竞争对手、巩固现有市场地位,可综合运用促销组合各要素,以提示性广告和公共关系为主,并辅之以人员促销和营业推广,以提高汽车企业和汽车产品的声誉,巩固并不断拓展市场
衰退期	应把促销规模降最低限度,尽量节省促销费用,以保证维持一定的利润水平,可采用各种营业推广方式来优惠销售汽车存货,尽快处理库存

(6)促销费用。

①汽车促销预算制订过程见表3-7。

汽车促销预算制订过程　　　　　　表3-7

步骤	汽车促销预算制订内容
第一步	分析汽车年度营销计划,建立营销目标,预测汽车的销量和利润
第二步	制定最初在广告、销售促进、人员促销和公共关系的预算分配。可以按往年数据进行分配,也可以依据竞争者的实际促销情况和其他因素,对该分配进行调整
第三步	将总促销预算送交高层决策者审查、修改后执行

②影响汽车促销预算分配的因素。

在汽车产品生命周期的导入期和成长期,特别是市场成长率强时,投向广告的预算应多于销售促进,拥有最多市场份额、毛利和产品差别化较强的汽车企业也要投入相对较多的广告费;汽车促销预算越高,竞争越激烈,越要集中精力抓好短期内的管理;相对于人员促销,广告往往对汽车消费者的态度和长期市场份额有正面影响,而对短期市场份额有负面影响;相对于广告,人员促销往往对短期市场份额有正面影响,而对汽车消费者的态度和长期市场份额有负面影响。

【案例】 针对竞争对手的促销组合策略——雷克萨斯挑战梅赛德斯的法宝

为了战胜梅赛德斯,丰田的设计者和工程师开发了称为雷克萨斯的轿车并开展了多方面的进攻。新汽车像雕塑品,外装精良,内装饰奢侈。丰田雷克萨斯车的广告图画显示它旁边的梅赛德斯,并写上标题语"这也许是历史上第一次,只需要36000美元就能买到73000美元的高级轿车。"丰田建立独立的雷克萨斯专卖店,努力挑选能高度胜任的经销商和精心设计陈列室,并把销售作为汽车设计的工作之一。陈列室有宽敞的空间,布置了鲜花和观赏植物,免费提供咖啡,备有专业销售员。经销商向潜在客户寄发手册,内含12min戏剧性体现雷克萨斯绩效功能的录像:录像显示工程师把一杯水放在发动机联合器上,当梅赛德斯发动机启动时,水发生抖动,而雷克萨斯车却没有,这说明雷克萨斯车有更平稳的发动机和能提供更稳定的驾驶。录像更戏剧性地展开,把一杯水放在转向盘旁,当雷克萨斯车急转弯时,水丝毫不溢。由此,潜在客户有可能成为雷克萨斯车的义务推销员。

二、实训情景设计

某4S店推出一款新型SUV,请运用本课题所学知识,上网查询相关资料,分小组设计一个促销计划,现场展示。

三、检查评价

方案一:教师以知识问答的形式进行提问检查。

(1)请列举出汽车促销的方法和各自的特点、作用,每答对一项加5分。

(2)分组结合本课题相关知识,设计实训情景。

方案二:结合实训情景设计,分组请同学上台展示为新车型作的促销计划,并结合评分表3-8进行相关评分。

新车型促销计划评分表　　　　　　表3-8

序号	评分项目	评分标准	分值	得分
1	促销准备	(1)促销活动实施的目的是否明确	10	
		(2)促销活动的对象选择是否正确	10	
		(3)促销活动实施的时间是否合适	10	
		(4)促销活动实施的地点是否合适	10	
2	促销实施	(1)促销方式的选择是否恰当	10	
		(2)促销组合的确定是否正确	10	
		(3)促销活动费用预算是否合理	10	

续上表

序号	评分项目	评分标准	分值	得分
3	促销效果	(1)是否考虑到竞争对手的反应	10	
		(2)整个促销计划是否可行	10	
		(3)促销计划的评价方案是否合理有效	10	
合计	综合评语:		100	

课题二 汽车广告的促销方法

一、汽车广告的促销方法概述

(一)汽车广告的作用

汽车广告的具体作用见表3-9。

汽车广告的作用　　　　　　　　表3-9

广告作用	简介
建立知名度	通过各种媒介的组合,向汽车消费者传达新车上市的信息,吸引目标消费者注意,汽车广告宣传可避免促销人员向潜在消费者描述新车所花费的大量时间,快速建立知名度,迅速占领市场
促进理解	新车具有新的特点,通过广告,可以向目标消费者有效地传递新车的外观、性能、使用等方面的信息,引发他们对新车的好感和信任,激发其进一步了解新车的兴趣
有效提醒	如果潜在消费者已了解了这款新的车型,但还未准备购买,广告能不断地提醒他们,刺激其购买欲望
树立企业形象	对于汽车这样一种高档的耐用消费品,用户在购买时,十分重视企业形象(包括信誉、名称、商标等),广告可以提高汽车生产企业的知名度和美誉度,扩大其市场占有率

(二)汽车广告分类及适用场合

汽车广告的详细分类和适用场合见表3-10。

汽车广告目标及适用场合　　　　表3-10

广告分类	适用场合
通知性广告	主要用于汽车新产品上市的开拓阶段,旨在为汽车产品建立市场需求。日本丰田汽车公司在进入中国市场时,打出"车到山前必有路,有路必有丰田车"的广告,震撼人心
说服性广告	主要用于竞争阶段,目的在于建立对其某一特定汽车品牌的选择性需求,在使用这类广告时,应确信能证明自己处于优势的宣传,并且不会遭到更强大的其他汽车品牌产品的反击
提醒性广告	用于汽车产品的成熟期,目的是保持消费者对该汽车产品的记忆。例如,上汽大众仍经常为已经处于成熟期的桑塔纳轿车做广告,提醒消费者对桑塔纳轿车的关注

(三)制订汽车广告预算

制订汽车广告预算所要考虑的因素见表3-11。

制订汽车广告预算要考虑的因素　　　　表3-11

因素	简介
产品生命周期阶段	在推出新车型时,一般需要花费大量广告预算,才能建立其市场知名度
市场份额和消费者基础	想增加市场销售或从竞争者手中夺取市场份额,需要大量的广告费用
竞争程度	在竞争者众多和广告开支很大的汽车市场上,一种汽车品牌必须加大宣传,才能引起目标消费者的注意
广告频率	把汽车产品传达到消费者的重复次数,即广告频率,也会决定广告预算大小
产品替代性	当一家整车厂打算在汽车市场众多品牌中树立自己与众不同的形象,宣传自己可以提供独特的物质利益和特色服务时,广告预算也要相应增加

(四)选择汽车广告媒体

1.汽车广告媒体的种类

不同的广告媒体,有不同程度(时间和范围)的传达性、吸引性和适应性,因此,各种广告媒体各有不同特性,见表3-12。

各类主要广告媒体特点　　　　　　　　　　表3-12

媒　体	优　　点	局　限　性
电视	色彩、声音、图像并存,最有效最直观,有较强吸引力、震撼力,触及面广	成本高,媒介干扰多,竞争激烈,信息瞬间即逝,观众选择性少
报纸	灵活、及时,本地市场覆盖面大,信息容量大,提供完整的产品信息,可使用特别设计的版面如跨版广告来展示产品细节	保存性差,复制质量低,传阅者少,印刷质量不高
杂志	地理、目标顾客可选性强,可信并有一定权威性,复制率高,保存期长,传阅者多,精良的印刷品质增强视觉冲击力	发行数量相对较少,版面无法保证,发行周期长,不适合刊登时效性很强的告知广告
广播	大众化宣传,地理和目标顾客的选择性强,收听灵活,成本低	只有声音,不如电视那样引人注意,展露瞬间即逝,对音效设计和处理要求高
网络	内容全面,覆盖面广,针对性强,中间商的作用被淡化,减少中间环节,成本低	安全性低,监管滞后,无序竞争,强迫性广告多
户外广告	灵活,广告展露时间长,费用低,竞争少,视觉冲击力强	信息单一,目标顾客没有选择,内容不能经常更新,对画面品质、灯光处理要求高

2. 选择汽车广告媒体应考虑的因素

汽车广告媒体的选择，可考虑的因素很多，见表3-13。

选择汽车广告媒体应考虑的因素　　　表3-13

因　素	详　解
目标消费者的媒体习惯	购买跑车的大多数消费者是中青年的成功人士，因此广播和电视自是宣传跑车的最有效广告媒体
汽车产品	对汽车来说，电视和印刷精美的杂志由于在示范表演、形象化和色彩方面十分有效，因而是最有效的媒体
广告信息	包含大量技术资料的汽车广告信息一般针对性很强，用专业性杂志做媒介，能直接面向特定的受众，有助于用较低预算实现预期效果
费用	电视广告费用非常昂贵，以播出时间长短和播放时段来计费，而报纸、杂志等媒介广告相比而言则稍便宜

有调查显示，汽车产品在这几种广告媒体的选择中，电视和报纸仍然占据了举足轻重的地位，如图3-2所示。

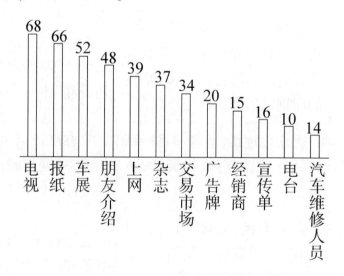

图3-2　汽车产品的广告媒体选择

【案例】　2020年中国汽车广告行业发展现状

汽车广告业一直是整个广告业中不断快速增长的行业板块，中国汽车行业广告开支从2015年335亿元（人民币）增长至2019年的420亿元（人民币），年复合增长率为5.8%。2019年汽车销售量的下降,减少了当年广告开支的增长,但2019年的汽车广告开支仍与2018年基本持平(图3-3)。

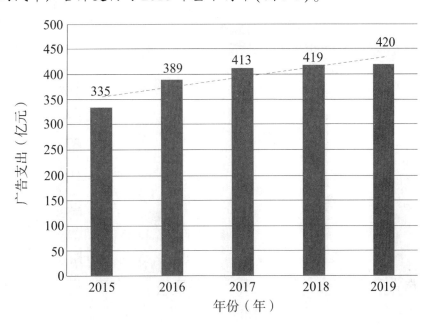

图3-3　2015~2019年中国汽车行业广告支出

资料来源:CIC前瞻产业研究院整理

中国的汽车广告服务包括线上广告、线下广告及其他广告服务。线上营销服务包括线上广告及线上事件式营销,而线下营销服务包括传统媒体式广告及线下事件式营销。就2019年的支出而言,线上广告服务占汽车广告服务市场总量的45.6%。汽车线上广告市场正逐步迈入一个新的数字时代。2015年至2019年,得益于互联网用户的快速增长及发达的互联网基础设施,中国汽车广告商的线上广告开支从人民币104亿元增至人民币191亿元,年复合增长率为16.3%。同一时期,其占汽车广告开支总额的百分比从31.2%增至45.6%(图3-4)。

汽车线上广告有多种形式,包括线上汽车新媒体广告、电子商务、视频流、搜索引擎、社交媒体、门户网站及新闻聚合平台广告。相比传统模式,线上广告能够以更加定制化及更多互动的方式精确地把产品及服务推送给目标受众。线上汽车新媒体广告服务在网络汽车广告行业中发挥着重要作用,其服务产生的收入可占2019年线上汽车广告业的75.6%。在线上汽车新媒体广告上投放的广告通常以PGC(专业生产内容)及UGC(用户生产内容)展示,或在网页源中投放广告,能够提高品牌知名度、管理客户关系及增强客户忠诚度。

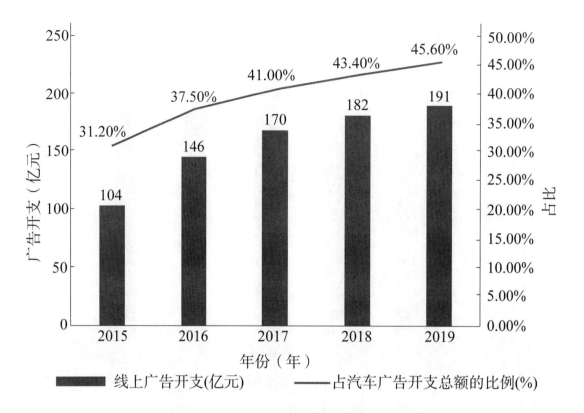

图 3-4　2015—2019 年中国汽车线上广告市场规模及占比（单位：亿元，%）
资料来源：CIC 前瞻产业研究院整理

(五)评价汽车广告效果

广告是市场营销中重要的一环。在决定了广告的主题、内容、表达策略、表现媒体并将广告信息传递给公众之后，企业还需要对广告效果进行评价。评价方法一般有以下两种。

1. 传播效果评价

(1)直接评分法。要求消费者对以下 5 项指标依次打分，每项 20 分，总分 100 分，见表 3-14。

①此广告吸引消费者注意力如何；
②此广告促使消费者进一步细读的可能性如何；
③此广告的中心内容或其利益是否交代清楚；
④此广告诉求的有效性如何；
⑤此广告激起购买行为的可能性如何。

广 告 评 分 表　　　　　　　　表 3-14

广告等级	最佳广告	好的广告	普通广告	中等广告	劣等广告
分值	100~80	80~60	60~40	40~20	20~0

（2）组合测试法。请消费者观看一组广告，然后请他们回忆所看过的广告，看他们能记住多少内容，以此来评价一个广告是否突出主题及其信息是否易懂易记。

（3）实验室测评法。这种方法是利用仪器来测量消费者对广告的心理反应情况，如心跳、血压、瞳孔的变化等现象，以此来测量广告的吸引力。

2. 销售效果评价

（1）历史分析法。运用统计技术将过去的销售和过去的广告支出与当前的销售和当前的广告支出联系起来分析，以此来评价广告的效果。

（2）试验分析法。在某些地区广告开支高些而在另一些地区开支低些，如果高开支试验导致销量大增，说明广告开支过少；如果高开支试验没有增加销量或者低开支试验没有导致销量下降，说明广告开支过大。这种方法必须保持足够时间，以观察改变广告开支水平后的滞后效应。

优秀广告案例如图 3-5 所示。

a) 不怒自威

b) 以革新　致初心

c) 澎湃如歌　静如星河

d) 秦动芳心　幸福满唐

图 3-5　优秀广告案例

二、实训情景设计

请运用本课题所学广告促销的知识,分组为"甲壳虫"设计一个广告创意,现场展示。

三、检查评价

方案一:教师以知识问答的形式进行提问检查。

(1)请列举出汽车广告的作用、不同汽车广告媒体的优缺点,每答对一项加5分。

(2)分组结合本课题相关知识,设计实训情景。

方案二:结合实训情景设计,分组请同学上台展示设计的广告创意,并结合表3-15进行评分。

广告创意评分表　　　　表3-15

序号	评分项目	评分标准	分值	得分
1	广告内容	(1)广告主题是否突出	10	
		(2)广告内容是否涉及夸大虚假成分	10	
		(3)广告语使用是否合理恰当	10	
2	广告形式	选择的广告媒体是否合适	10	
3	广告预算	广告预算是否合理	10	
4	广告时机	此广告时机把握是否恰当	10	
5	广告效果	(1)此广告是否引起同学们的注意	10	
		(2)此广告促使同学们进一步细读的可能性如何	10	
		(3)此广告的诉求有效性如何	10	
		(4)此广告激起购买行为的可能性如何	10	
合计	综合评语:		100	

评分完毕,根据表3-16给各小组创意广告划分等级。

广告等级 表3-16

广告等级	最佳广告	好的广告	普通广告	中等广告	劣等广告
分值	100~80	80~60	60~40	40~20	20~0
得分					

课题三 人员促销技巧

一、人员促销技巧概述

(一)人员促销的概念和特点

1. 人员促销的概念

根据美国市场营销协会定规委员会的解释,所谓人员促销,是指企业通过派出销售人员与一个或一个以上可能成为购买者的人交谈,进行口头陈述,以推销商品,促进和扩大销售。汽车人员促销是指汽车企业的推销人员利用各种技巧和方法,帮助或劝说消费者购买该品牌汽车产品的促销活动。

2. 人员促销的特点

人员促销与非人员促销相比,具有不可替代的作用。人员促销的特点见表3-17。

人员促销的特点 表3-17

特　　点	简　　介
具有较强的针对性	人员促销充分利用促销人员对商品的熟悉程度,并根据消费者对商品的不同欲望、要求、动机和行为,采取不同的解说和介绍方法,从而实施针对性较强的促销,促成消费者购买
信息传递的双向性	一方面促销人员向顾客传递产品的性能、使用、价格、维修等信息,另一方面推销人员通过与顾客接触和有意识的观察调研,收集顾客对企业的产品与服务的评价,并不断向企业反馈信息,为企业制定营销策略提供依据,提高企业决策水平

续上表

特　点	简　介
推销过程的灵活性	销售人员通过与顾客直接接触,可以亲眼观察到顾客对其促销的反应,并根据顾客的不同反应和需求,有针对性地采取必要的协调行动,以适应顾客的行为和需要,促进交易的进行
推销过程的情感性	促销人员由于长期与顾客接触,有利于买卖双方建立深厚的友谊,密切企业与顾客之间的关系,从而培养顾客的忠诚度,同顾客建立长期的关系,稳定产品的销售

(二)汽车人员促销的任务和步骤

1. 汽车人员促销的任务

汽车人员促销的任务贯穿于售前服务、售中服务、售后服务过程中,见表3-18。

汽车人员促销的主要任务　　　　表3-18

任　务	简　介
寻找客户	寻找新的潜在消费者,培养主要的消费者
设定目标	决定怎样在工作和寻找消费者之间分配有限的时间
信息传播	将汽车产品和服务的信息传递出去
推销产品	与消费者进行售前沟通,向消费者推销汽车产品,达成交易
提供服务	根据岗位职责,提供全程服务
收集信息	进行市场调查和调研工作,建立顾客信息档案,整理反馈意见
分配产品	对消费者的信誉进行评价,汽车产品供不应求时进行合理分配

2. 汽车人员促销的步骤

汽车人员促销的过程分为7个不同的阶段,如图3-6所示。

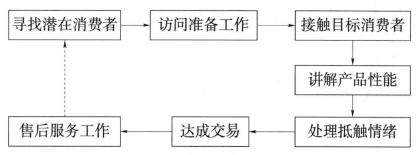

图 3-6　汽车人员促销的过程

汽车人员促销的步骤及需要注意的事项,见表 3-19。

人员促销步骤及注意事项　　　　表 3-19

促销步骤	注意事项
寻找顾客	推销工作的第一步
事前准备	推销人员必须掌握 3 个方面的知识:①产品知识。关于本企业及其产品的特点、用途和功能等方面的信息和知识。②顾客知识。包括潜在顾客的个人情况、资金预算、消费需求、购买者性格特点等。③竞争者的知识。包括竞争者能力、地位和他们产品的特点。同时还要准备好产品样品、说明材料、顾客接近方式、访问时间、应变语言等
接近顾客	开始登门访问,与潜在顾客面对面的交谈
介绍产品	在介绍产品时,要注意说明该产品可能给顾客带来的好处,注意倾听对方发言,判断顾客的真实意图
克服障碍	推销人员应随时准备应付不同的意见
达成交易	接近和成交是推销过程两个最困难的阶段
售后追踪	如果销售人员希望顾客满意并重复购买,则必须坚持售后追踪。推销人员应认真执行订单中所保证的条件,例如交货期、售后服务等内容

(三)汽车促销人员促销的基本方法和技巧

1. 汽车促销人员促销的基本方法

汽车促销人员促销的基本方法见表 3-20。

汽车促销人员促销的基本方法　　　表3-20

方　　法	简　　介
试探性方法	如推销员对顾客还不甚了解，可以使用事先设计好的能引起客户兴趣、刺激客户购买欲望的促销语言，投石问路，进行试探，然后根据其反应再采取具体促销措施
针对性方法	如果促销人员对客户需求特点比较了解，也可以事先设计好针对性较强、投其所好的促销语言和措施，使客户感到促销员的确是自己的"好参谋"，真心地为己服务，进而产生强烈的信任感，最终愉快地成交
诱导性方法	促销员要先设计出鼓动性强的购货建议，诱发客户产生某方面的需求，并激起客户迫切要求实现这种需求的强烈动机，然后抓住时机向客户介绍产品的效益，从而诱导客户购买

2. 汽车促销人员促销的基本技巧

汽车促销人员促销的基本技巧见表3-21。

汽车促销人员促销的基本技巧　　　表3-21

基本技巧	具体做法
建立和谐洽谈气氛	推销员与客户洽谈，首先应给客户一个良好的印象，懂礼貌、有修养、稳重而不呆板、活泼而不轻浮、谦逊而不自卑、直率而不鲁莽、敏捷而不冒失。特别是在开始洽谈阶段，推销人员应巧妙地把谈话转入正题，做到自然、轻松
排除推销障碍技巧	①排除客户异议障碍。如果发现客户欲言又止，推销员应自己少说话，直截了当地请客户发表意见，以自由问答的方式真诚地同客户交换意见和看法。对于客户一时难以纠正的偏见和成见，可以转换话题。②排除价格障碍。应充分介绍和展示产品特点，使客户感到物有所值。③排除客户习惯势力障碍。实事求是地介绍客户不太熟悉的产品，并将其与他们已经习惯的产品相比较，让客户乐于接受
约请客户会面技巧	一是要选好见面的时间，以免吃"闭门羹"；二是可采用熟人引荐、名片开道、同有关人员交朋友等策略，赢得客户的欢迎

续上表

基本技巧	具体做法
抓住成交机会技巧	促销人员应善于体察客户的情绪,在给顾客留下好感和信任时,应抓住机会发动进攻,争取成功签约

一个好的促销员,除了掌握上述方法与技巧外,其促销业绩还与促销员的良好个性有关。例如口齿要伶俐,脑子要灵活,反应要敏捷,洞察要准确,性格要温和,耐心要持久。尤其在中国这个看重礼仪的邦国里从事促销活动,促销员一定要做到不管市场是热是冷,都要常"走亲戚",有生意谈生意,没有生意叙友谊,把老用户当知己,把新用户当朋友,不可过于急功近利。

(四)汽车促销人员的管理

1.汽车促销人员的素质

汽车促销人员的具体素质要求见表3-22。

汽车促销人员必须具备的素质 表3-22

素 质	简 介
表达能力	优秀的促销员应是富有激情的"辩才",又是最忠实听众,善于聆听顾客意见
社交能力	促销人员向顾客促销商品的过程,实际上也是一种信息沟通过程。促销人员必须有较强的沟通技巧,同时也能维持和发展与顾客之间长期稳定的关系,待人随和,热情诚恳;能设身处地从顾客出发,为顾客解决实际问题
洞察能力	促销人员应善于察言观色,具备洞察顾客心理的能力,把顾客的体态、心境等表现,在头脑中迅速形成映象并加以整理,作出准确判断;对多数人所忽略的细节有较强敏感性
应变能力	促销工作的对象是复杂的,甚至是变化莫测的,促销人员应该逻辑缜密,思路清晰,适应能力强,反应速度快,面对困难与不利的事情遇事不惊,随机应变,要善于处理被动局面,变被动为主动

续上表

素　　质	简　　介
处理异议能力	顾客往往对产品的质量、价格、式样等提出疑难,故意挑剔。促销员首先应认识到顾客异议是交易得以进行的信号。因此,促销员应把握主动权,按照需要引导谈话走势,对顾客提出的各种疑难要区别对待

2. 促销人员的甄选

促销人员的素质高低直接影响到促销活动与整个销售活动的成败,所以甄选高素质的促销人员成为销售决策中的首要问题,对企业开拓市场至关重要。

甄选的方法通常采取表格申请、笔试、面试相结合的方法。一般分为填写申请表、测验、面试、学习经验调查、体格检查、录用等程序。

【案例】　优秀的丰田汽车推销员

丰田汽车公司之所以能在汽车销售方面取得巨大的成绩,是因为他们具有一支优秀的丰田汽车推销队伍。"丰田精神已经彻底贯彻到丰田系统的推销员中去了""丰田系统的推销员不但人数多,而且他们都坚决相信丰田公司的汽车是最好的"。他们具有踏实的工作作风,持之以恒的热情和信心。一名丰田汽车公司的推销员在发现一名潜在用户时,两星期之内拜访达20次,终于使他变成了丰田汽车的用户。

3. 促销人员的培训

企业不仅要对新进促销人员培训,还要对在岗人员进行培训,加强适应市场形势的需要。培训的目的、内容及方法见表3-23。

培训的目的、内容及方法　　表3-23

培训的目的	使促销人员掌握企业及其产品、竞争对手、顾客工作程序与责任等方面的知识和技巧,提高业务素质
培训的内容	一般包括企业知识、产品知识、市场知识、推销技巧、心理学知识与政策法规知识等
培训的方法	通常有课堂讲授培训、模拟培训、实践培训三种

4. 促销人员的激励

(1)物质激励。企业对促销人员的物质激励手段主要有:岗位工资、年终奖、佣金提成、消费券、福利补贴、带薪休假等。

(2)企业文化。企业文化作为满足企业员工对精神需求的一种形式,对员工具有巨大的感召力。不仅可融化促销人员,让其对企业有归属感,而且对企业的可持续发展具有重大意义。

5. 促销人员的考核

(1)建立考核的指标。销售额的增长情况、平均每天的访问次数、时间、花费、每个客户的平均销售额及利润、毛利、新客户数及失去的客户数等。

(2)考核的方式。对销售人员目前的绩效与过去的绩效进行比较,将各个销售人员的绩效进行排队比较等。

6. 促销人员的业绩评价

任何工作均需要科学的评价。科学的评价可以鼓励促销人员的斗志,促进促销队伍的总体业绩提升。业绩评价考核目标有:销售额、访问顾客的次数、消费者评价、促销人员品质等。

二、实训情景设计

运用本课题所学知识,进行汽车交易情景模拟,主要以人员促销为主。

三、检查评价

方案一:教师以知识问答的形式进行提问检查。
(1)请列举出人员促销的优点、步骤、基本方法及技巧,每答对一项加5分。
(2)分组结合本课题相关知识,设计实训情景。

方案二:结合实训情景设计,分组请同学在营销实训室模拟汽车交易情景,并结合表3-24进行评分。

汽车交易情景模拟评分表　　　　　　　　　　　表3-24

序号	评分项目	评分标准	分值	得分
1	职业形象	(1)销售人员穿着、佩戴是否合格	10	
		(2)销售人员用语是否规范	10	
2	交易过程	(1)销售人员传递名片的方式是否规范	10	
		(2)握手时间长短是否适宜	10	

续上表

序号	评分项目	评分标准	分值	得分
2	交易过程	(3)销售人员接电话是否及时	10	
		(4)销售人员接电话的方式是否规范	10	
		(5)介绍车辆使用专业术语是否适当	10	
		(6)销售员采用的促销方式是否恰当	10	
3	异议处理	(1)销售员处理顾客异议的方式是否恰当	10	
		(2)最终投诉的顾客是否感到满意	10	
合计	综合评语：		100	

项目四　汽车营销表单作业

项目描述

在汽车营销程序的每一个环节中,都离不开财务知识和相关技能的支持。同时,在汽车营销活动中,汽车营销部门与财务部门有着密切的联系和制约关系,因此,要想成为一个合格的汽车营销人员,除了熟悉汽车专业知识和相关技能以外,还应掌握成本计算、相关的费用、结算、付款(贷款方式)等一系列财会基本知识,以及在洽谈基础上签订合同、开票出库,并熟悉销售服务的各个环节。

另外,还需要掌握各种票据、财务手续,以及准确地结算,熟悉涉及汽车货物的进、销、存和贷款的费用支出。只有这样,才能当好顾客的"顾问",及时回答顾客提出的各种问题,消除顾客各种疑虑,促进成交。

知识目标

(1) 能说出会计的职能、目标和任务;
(2) 熟知汽车销售人员应具备的常用票据填写规范及使用标准;
(3) 熟知汽车营销合同的相关法律法规等内容。

技能目标

(1) 会填写常用票据、合同;
(2) 掌握汽车4S店管理系统软件的汽车营销流程、结算流程的操作。

素养目标

(1) 培养团队协作意识;
(2) 培养与人沟通的能力;
(3) 掌握自动化办公设备运用、信息库应用能力。

> **建议课时**
>
> 8课时。

课题一　财会基本知识

一、会计的基本含义

1. 会计的概念

会计是以货币作为主要计量单位,利用专门的方法和程序,对社会再生产过程中能够用货币表现的经济活动,进行完整、连续、系统的反映和监督,旨在提供会计信息和实现最优经济效益的一种管理活动。

2. 会计的对象

会计的对象是企业的经济活动,如现金的支付,商品的销售等。企业的一切经济活动均要在会计上予以记录。

3. 会计的基本职能

会计的基本职能是:反映经济活动,控制经济活动,评价经营业绩,参与经济决策,预测经营前景。

4. 会计的目标和任务

会计的目标是向财务报告使用者提供与企业财务状况、经营成果和现金流量等有关的会计信息,反映企业管理层受托责任履行情况。

会计的任务包括三个方面:一是加强经济核算,真实、准确地提供经济信息;二是监督经济活动,维护财经纪律,控制经济活动的全过程,维护社会主义市场经济秩序;三是参与经济计划、预测和决策,加强经济管理。

5. 会计方法

会计方法包括会计核算方法、会计分析方法和会计检查方法,其中会计核算方法是会计的基本方法,主要有以下7种:

(1)设置会计科目和账户;

(2) 复式记账；

(3) 填制和审核会计凭证；

(4) 登记会计账簿；

(5) 成本计算；

(6) 财产清查；

(7) 编制会计报表。

会计核算程序图如图 4-1 所示。

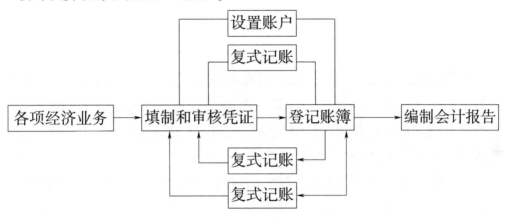

图 4-1　会计核算程序图

以上 7 种专门方法相互联系，紧密结合，与会计核算程序构成了一个完整的会计核算方法体系。它们之间的联系是：①当经济业务发生后，首先要取得原始凭证；②根据原始凭证，运用"复式记账"编制记账凭证；③根据账户凭证，在账簿的有关账户中，系统地记录经济业务；④根据账户记录，采用成本计算的方法计算产品成本；⑤期末进行财产清查、根据清查结果，填制有关凭证，调整账面记录，保证账实相符；⑥根据核算资料，定期编制会计报表。

二、账户

1. 账户的定义

账户是根据会计科目开设、在账簿中具有一定结构的、用来记录经济业务增减变动及其结果的载体。每个账户都反映一定的经济内容，还有一定的结构，用来反映该项目的增加、减少及结存情况。例如，根据"银行存款"会计科目开设的"银行存款"账户，可以记录每一笔银行存款的增加和减少金额，并随时结出其余额。

2. 账户的分类

总分类账户是指根据总分类科目设置的，用于对会计要素具体内容进行总括分类核算的账户,简称总账账户或总账。根据账户所反映的经济内容,可将其分为资产类账户、负债类账户、所有者权益类账户、成本类账户、损益类账户5类。

明细分类账户是根据明细分类科目设置的,用来对会计要素具体内容进行明细分类核算的账户,简称明细账。总账账户称为一级账户,总账以下的账户称为明细账户。

三、会计凭证

1. 会计凭证的意义

会计凭证是用来记录经济业务,明确经济责任,据以登记账簿的、具有法律效力的书面证明。填制和审核会计凭证既是会计核算工作的起点,也是会计核算的基本方法。正确填制和严格审核会计凭证,对于完成会计工作,充分发挥会计的核算和监督职能,具有重大的意义。

(1)填制、取得会计凭证,可以及时正确地反映各项经济业务的完成情况;

(2)审核会计凭证,可以更有效地发挥会计的监督作用,使经济业务合理合法;

(3)填制和审核会计凭证,便于分清经济责任,可以加强经济管理中的责任制。

此外,作为信息载体的会计凭证,通过会计工作者的加工整理和传递,可以生成新的会计信息,满足宏观经济管理和微观经营管理的需要,改善企业单位的生产经营管理,提高企业经济效益。

2. 汽车营销常见会计凭证的种类

(1)原始凭证。

原始凭证是指在经济业务发生时取得或填制的、载明经济业务的具体内容、明确经济债务、具有法律效力的书面证明。它是会计核算的原始资料和重要依据。

原始凭证按照其来源不同,分为自制原始凭证和外来原始凭证。

①自制原始凭证按其填制手续不同,又可分为一次凭证、累计凭证和汇总原始凭证。

a.一次凭证。是指反映一项经济业务或同时反映若干项同类性质的经济业务。格式见表4-1。

收 料 单 表4-1

编号

供货单位　　　　　　　年　　月　　日　　　　　收料仓库

材料编号	材料名称	规格	单位	数量		价　　格	
				应收	实收	单价	金额
		合计					

仓库负责人复核人　　　　　　　　　保管员　　　　　　　　　交料人

b.累计凭证。是指在一定时期内,记载同类重复发生的经济业务,在一张凭证中多次进行登记才能完成的原始凭证,格式见表4-2。

限 额 领 料 单 表4-2

领料部门　　　　　　　年　　月　　日　　　　　发料仓库
计划产量　　　　　产品名称　　　　　单位消耗定额　　　　编号

材料类别	编号	名称	规格	计量单位	单价	全月领用限额	全月实用	
							数量	金额
	供应部门负责人(盖章)					生产计划部门负责人(盖章)		
日期	应领		实发			限额结余	退库	
	数量	领料单位负责人	数量	发料人	领料人		数量	退库单号
合计								

仓库负责人　　　　　　　　领料人　　　　　　　　保管员

c. 汇总原始凭证。也称原始凭证汇总表,是对一定时期内若干张记录同类业务的原始凭证加以汇总而填制的凭证,如发出材料汇总表、工资结算汇总表等。

②外来原始凭证是指在经济业务发生或完成时,由其他单位或个人填制完成,并由本单位业务经办部门或人员取得的原始凭证,如购买商品取得的增值专用发票、对外支付款项取得的收据等。原始凭证按照其作用不同,可分为通知凭证、执行凭证和计算凭证。

a. 通知凭证。是指要求、指令、告知企业完成某项经济业务的原始凭证,如罚款通知书、银行收款通知书、银行付款通知书等。

b. 执行凭证。是指证明某项经济业务已经完成的原始凭证,如证明销货业务完成的销货发票、证明材料验收入库的收料单、证明材料领用发出的领料单等。

c. 计算凭证。是指对经济业务的完成过程进行计算而编制的原始凭证,如产品成本计算表、工资计算表等。

(2) 记账凭证。

记账凭证是会计人员根据审核后的原始凭证或汇总原始凭证,按照经济业务的具体内容分类,据以确定应借、应贷会计科目及其金额而编制的、作为账簿登记直接依据的凭证。

记账凭证按其用途不同,可以分为专用记账凭证和通用记账凭证两类。

专用记账凭证是指用来专门记录某一类经济业务的记账凭证,分为收款凭证、付款凭证和转账凭证三种。

①收款凭证。用来记录现金和银行存款等货币资金收款业务的凭证,格式见表4-3。

收 款 凭 证　　　　　　　　　　　　　　　表4-3

借方科目:　　　　　　　年　月　日　　　　　收字第　号

摘　　要	贷方科目		账　页	金　额
	一级科目	二级或明细科目		
附件　　张	合计			

会计主管　　　　记账　　　　出纳　　　　审核　　　　填制

②付款凭证。用来记录现金和银行存款等货币资金付款业务的凭证,它是根据现金和银行存款付出业务的原始凭证填制的,格式见表4-4。

付 款 凭 证　　　　　　　表4-4

贷方科目：　　　　　　　　年　　月　　日　　　　　收字第　　号

摘　要	借 方 科 目		账　页	金　额
	一级科目	二级或明细科目		
附件　　张	合计			

会计主管　　　　记账　　　　出纳　　　　审核　　　　填制

③转账凭证。是用来记录与现金、银行存款等货币资金收付款业务无关的转账业务的凭证,格式见表4-5。

转 账 凭 证　　　　　　　表4-5

年　　月　　日　　　　　转字第　　号

摘要	一级科目	二级或明细科目	账页	借方金额	贷方金额
附件　　张	合计				

会计主管　　　　记账　　　　出纳　　　　审核　　　　填制

四、会计法规体系

1.《中华人民共和国会计法》

《中华人民共和国会计法》(以下简称《会计法》)是我国会计工作的根本大法,是我国进行会计工作的基本依据。它在我国会计法规体系中处于最高层次,居于核心地位,是其他会计法规制定的基本依据。现行《会计法》是在2017年11

月4日,第十二届全国人民代表大会常务委员会第三十次会议重新修订的,并自2017年11月4日起实施。

2. 会计准则

会计准则是会计核算工作的基本规范,它就会计核算的原则和会计核算业务的处理作出规定。

《企业会计准则》由财政部制定,于2006年2月15日财政部令第33号发布,自2007年1月1日起施行。我国企业会计准则体系由基本准则、具体准则、会计准则应用指南三个部分组成。

五、检查评价

方案一:师生、同学或小组间以知识问答的形式,进行提问检查。

(1)什么是会计?会计工作有哪些核心内容?它在汽车销售企业中发挥什么作用?

(2)会计凭证在会计工作中有何重要意义?

方案二:依据所学凭证格式内容,分组设计基础数据,各组交换基础数据,并根据给出的基础数据完成各类凭证单据的填写。

例如,收料单基础数据内容包括:供货单位、收料仓库、材料编号、材料名称、规格、单位、数量、价格、应收、实收、单价、金额、仓库负责人、保管员、交料人、复核人。

课题二 常用票据及填写方法

汽车销售过程中,各种票据、表格是完整、清晰记录销售业务的凭证和凭据。汽车销售企业从业人员必须充分认识到各种票据在销售管理中的重要作用,正确掌握票据的填制要求和方法。

一、销售常用票据

(一)机动车发票

机动车发票由税务部门统一核发,有统一格式,如图4-2所示。

项目四 汽车营销表单作业

机动车销售统一发票

发 票 联　发票代码14500202××××

发票号码0143××××

开票日期　　　　　　　　　查 询 码2057316××××

第一联 发票联（购货单位付款凭证）（手开无效）

机打代码 机打号码 机器编号		税控码	
购买方名称及身份证号码/组织机构代码		纳税人识别号	
车辆类型		厂牌型号		产地	
合格证号		进口证明书号		商检单号	
发动机号码		车辆识别代号/车架号码			
价税合计			
销货单位名称		电话	
纳税人识别号		账号	
地址		开户银行	
增值税税率或征收率		增值税税额		主管税务机关及代码	
不含税价	小写	完税凭证号码	吨位	限乘人数

销货单位盖章　　　　开票人　　　　备注：一车一票

图 4-2　机动车销售统一发票

（二）普通收据

普通收据因用途不同有不同模板，销售常用收据见表4-6。

普 通 收 据　　　　　　　　表 4-6

公司名称：　　　　　　　　　凭证号码：　　　　① 存根白
　　　　　　　　　　　　　　出据日期：　　　　② 客户红
　　　　　　　　　　　　　　　　　　　　　　　③ 记账黄

兹收到＿＿＿＿＿＿＿＿＿＿＿＿＿＿＿＿＿＿＿＿＿＿＿＿＿＿

交来＿＿＿＿＿＿＿＿＿＿＿＿＿＿＿＿＿＿＿＿＿＿＿＿＿＿＿＿

人民币（金额大写）　　　　　　　　　　　　　￥：

□现金　　　□刷卡　　　□银行转账　　　□其他支付方式
客户签字确认：　　收款人：　　会计　　收款单位（盖章）：

(三) 整车营业日报表

整车营业日报表各品牌略有不同，常用的整车营业日报表见表 4-7。

整车营业日报表　　　　　　　　表 4-7

登记日期：

销量	今日现提						
	今日交订单						
	日小计						
	月合计						
订单	今日新增						
	月新增						
	剩余订单						
收入	今日收入						
	月累计						

(四) 新车订购协议

新车订购协议各品牌略有不同，常用的新车订购协议如图 4-3 所示。

一、基本信息栏

协议编号：

销售方信息 （卖方）	名称		联系电话	
	联系地址		销售顾问	
购买方信息 （买方）	姓名/单位名称		联系电话	
	身份证号		预计交车时间	

二、购买标的信息、合同金额及交付约定

购买车辆 信息	车型		配置		台数		颜色	
	其他							
车辆价格 （人民币： 元）	市场指导价	¥						
	成交价格	¥	大写：____佰____拾____万____仟 ____佰____拾____元____角整					
	支付定金	¥	付款方式：□一次性付款　　□按揭付款					
	余款	¥						
销售事项 备注栏								

注：在签署本协议前，卖方已郑重提醒买方仔细阅读并准确理解本协议的全部内容，特别是协议中使用加粗字体的条款，并就买方提出的所有疑问或问题给予了全面、充分且让买方满意的解释。本协议一经签署，即视为买方认可、接受协议的所有条款。

因本协议产生的一切争议，双方应通过友好协商解决，如协商不成，应向卖方所在地人民法院起诉，通过诉讼解决。

（1）买方向卖方提出购买时，需按双方约定向卖方支付定金，并经双方签字（盖章）后，本协议开始生效。

（2）买方履行协议约定的，定金可充抵车款；新车定购协议生效后，因买方原因要求变更或取消定购时，属买方违约，卖方不予退回所支付的定金。

（3）因买方原因或非卖方的第三方原因，造成不能按时交车的，卖方对买方不负有赔偿责任。

图 4-3

(4) 接到卖方提车通知后,买方三个工作日内不能按时提车,且不能协商达成新的交车协议,属买方违约,卖方有权对该车辆做其他处理。

(5) 买方付清全部款项后,卖方应向买方提供合法的发票或收据。在购车期间,买方与卖方发生的所有款项往来须由买方支付到卖方对公账户或到卖方财务室缴纳。买方与卖方工作人员私下的交易行为均不在此协议保护范围内,卖方对此产生的后果概不负责。

(6) 买方定购的车辆,在卖方交付车辆时应当场验车。卖方所售车辆的质量标准按生产厂家出厂标准执行产品合格或符合约定的条件,买方应当接受。否则,视为违约。

(7) 本协议经一式肆份(买方壹份,卖方叁份),每份具有同等法律效应。

买方:_____(签字或盖章)　　卖方(盖章)_____
　　　　　　　　　　　　　　　　销售顾问:_____
　　　　　　　　　　　　　　　　业务负责人:_____
　　　　　　　　　　　　　　　　财务确认:_____
日期:　　　　　　　　　　　　　日期:

图 4-3　新车订购协议

(五) 委托服务协议

委托服务协议各品牌略有不同,常用的委托服务协议如图 4-4 所示。

一、基本信息栏

协议编号:

委托方	姓名/单位名称		联系电话	
	身份证号			
受托方	名称		联系电话	
	联系地址			

二、服务项目及相关约定

1. 代办上牌类服务	包含项目: 代收车辆购置税:¥_____元 代办上牌服务费:¥_____元;_____牌

图　4-4

2.代办咨询服务费	代办咨询服务费：¥____元	按揭机构	
3.延保服务	服务费：¥____元	延保项目：	
4.其他代办服务	GPS服务费：¥____元		
	账户管理费：¥____元		
	前置利息：¥____元		
	其他服务约定：¥____元		
付款方式	委托方一次性支付(①+②+③+④)款项		
客户保险登记	本店代办保险,客户自行支付。预计保险费：¥_____元		
备注栏			

注：1.委托方确认：本协议约定的服务与车辆及汽车用品的销售行为相互独立，其可能涉及的权利、义务及责任亦相互独立，互不关联；

2.在签署本协议前，受托方已郑重提醒委托方仔细阅读并准确理解本协议的全部内容。本协议一经签署，即视为委托方认可、接受协议的所有条款。

3.双方在履行本协议过程中发生争议时，应友好协商解决。本协议约定不明的，可以另行协商约定。

4.上述服务内容，根据实际需要，可签订条款更加详尽的服务协议，服务协议与本协议互为补充。

委托方：_____ 受托方：_____

销售顾问：_____

业务负责人：_____

日期： 日期：

图4-4　委托服务协议

二、填制票据的基本要求

(一)记录真实,手续完备

票据必须真实地记录销售业务的发生和完成情况,填制日期和编号、业务发生引起的资金变化、有关人员的签名盖章等都必须真实可靠,不允许有任何涂改行为。

(二) 内容完整

项目填写齐全,各项目内容正确无误,不得涂改。

(三) 书写规范

(1) 原始凭证上的文字,要按规定字书写,字迹要工整、清晰,易于辨认,不得使用未经国务院颁发的简化字。

(2) 阿拉伯数字要逐个填写,不得连写,金额前应书写货币的币种符号或者货币名称(如人民币符号"￥"、美元符号"US$"、港币符号"HK$"等)。

(3) 所有以元为单位的阿拉伯数字,除表示单价等情况外,一律填写到角、分,无角、分的可以写"00"或者以"— —"表示。

(4) 汉字大写金额数字"壹、贰、叁、肆、伍、陆、柒、捌、玖、拾、零、佰、仟、万、亿"等。大写金额数字写到"元"或"角"为止的,应在"元"或"角"之后加上"正"或"整"字,且大小写金额必须一致。

(四) 一式几联的原始凭证,应当注明各联的用途,以一联作为报销凭证

一式几联的发票和收据,必须用双面复写纸(发票和收据本身具备复写功能的除外)套写,并连续编号。作废时应当加盖"作废"戳记,连同存根一起保存,不得撕毁。

(五) 连续编号,及时填制

各种原始凭证都必须连续编号,不得缺位,以便查找。所有经办业务的人员,在经办业务实际发生或完成时,必须及时填制和取得原始凭证,做到不积压、不拖延,并按照规定的程序将原始凭证及时送交会计部门。

(六) 发现错误,规范修改

发现原始凭证有错误时,不得涂改、挖补,应当由填制单位重开或更正,更正处应当加盖填制单位的公章。原始凭证填制必须使用黑色或者蓝黑墨水钢笔填写;需要复写的多联凭证可以使用圆珠笔;除了结账、改错外,不得使用红色墨水或者红色圆珠笔。

三、汽车销售服务软件电子单据的填写

(1)操作工具支持:计算机、4S 站管理系统软件。

(2)汽贸流程:采购入库→整车销售→整车销售中的一条龙服务。

(3)软件操作步骤如下。

步骤1:进入汽贸管理中的整车进货管理,打开入库单,如图 4-5 所示。

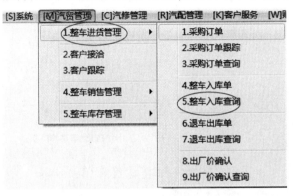

图 4-5　打开入库单

步骤2:填写入库单,如图 4-6 所示。

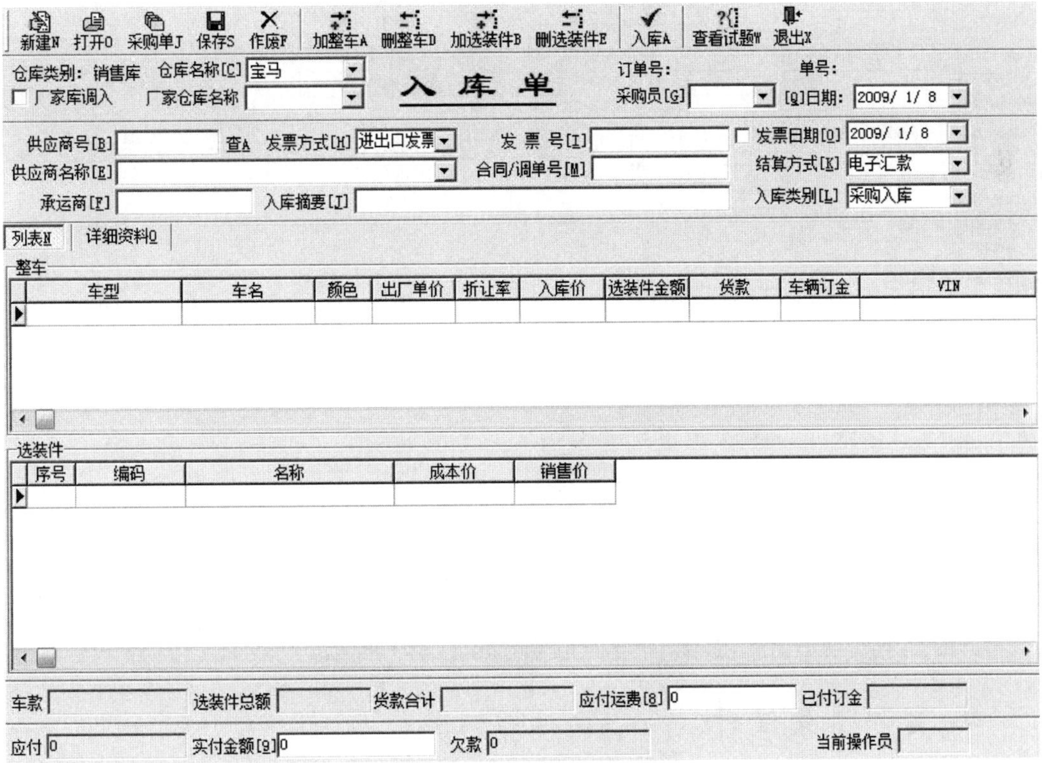

图 4-6　填写入库单

步骤3：进入汽贸管理中的整车销售管理，打开整车销售单，如图4-7所示。

图4-7　填写入库单

步骤4：填写销售单，如图4-8所示。

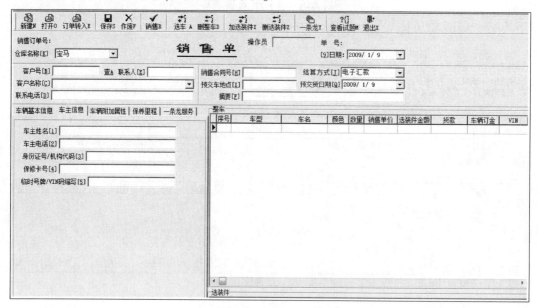

图4-8　填写销售单

步骤5：按 一条龙Y 键，提供一条龙服务，如图4-9所示。

四、实训情景设计

（1）请根据教师提供的汽车销售情境及相关数据，分别手工填写汽车定金收据、机动车销售统一发票和整车营业日报表。

（2）运用4S站管理系统软件，结合教师给出的数据，操作汽贸流程。

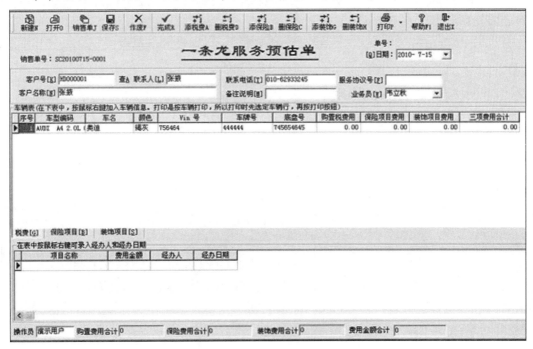

图4-9 填写一条龙服务单

五、检查评价

方案一：小组展示组内完成质量最好的汽车定金收据、机动车销售统一发票和整车营业日报表，并简述填写的要求和注意事项。评分项目表见表4-8。

方案二：结合实训情景数据，各小组运用4S站管理系统软件完成汽贸流程的操作。评分项目表由软件自动生成。

票据展示、简述评分表　　　　　　　　　　　　表4-8

序号	评分项目		评分标准	分值	得分
1	书写规范	金额书写	（1）内容完整,项目填写齐全	5	
			（2）阿拉伯数字书写规范,无连写情况	5	
			（3）金额数字前书写货币的币种符号或者货币名称	5	

续上表

序号	评分项目		评分标准	分值	得分
2	书写规范	文字书写	(1)字迹清楚,无涂改	5	
			(2)无错别字	5	
			(3)所有以元为单位的阿拉伯数字,填写到角、分,无角、分的可以写"00"或者以"--"表示	5	
3	票据填制	票据填制规范	(1)票、物相符,票面金额与实际收取的金额相符	5	
			(2)机动车销售统一发票全部联次一次填开,上、下联的内容和金额一致	5	
			(3)发票联和抵扣联加盖财务专用章或发票发票专用章	5	
			(4)如有书写错误时,按作废处理,应当加盖"作废"戳记,连同存根一起保存,不得撕毁	5	
合计	综合评语:			50	

课题三　财会支付与结算

一、汽车营销的现金支付管理

(一)现金管理的有关规定

(1)规定了现金使用范围。现金指人民币现钞,只能在一定范围内使用。支付额度范围适用于结算起点(1000元)以下的零星支出,以及中国人民银行确定需要支付现金的其他支出。

(2)规定了库存现金限额。企业库存现金,由其开户银行根据企业的实际需要核定限额,一般以3~5天的零星开支额为宜,对超出库存限额的现金,出纳员应及时送存银行。若需要增、减库存现金限额,则应当向开户银行提出申请,由开户银行核定。

(3)不得坐支现金。即企业不得从本单位的人民币现钞收入中直接支付交易款。现钞收入应当于当日终了送存开户银行。

(4)不得出租、出借银行账户。

(5)不得签发空头支票和远期支票。

(6)不得套用银行信用。

(7)不得保存账外公款,包括不得将公款以个人名义存入银行和保存账外现钞等各种形式的账外公款。

(二)现金支付的处理程序

为复核现金收入的合法性、真实性和准确性,办理现金收入业务的程序一般为:

(1)当面清点现金。

(2)开出现金收据,并加盖"现金收讫"印章和出纳人员名章。

(3)根据收款凭证登记现金日记账。

(三)汽车营销常用的票据结算方式

汽车营销常用票据结算方式见表4-9。

汽车营销常用结算方式定义表　　　　表4-9

结算方式	定义
支票	支票是出票人签发的、委托办理支票存款业务的银行或者其他金融机构在见票时无条件支付确定的金额给收款人和持票人的票据。支票是我国使用最普遍的非现金支付工具,单位和个人均可按照规定签发使用支票。现金支票票样如图4-8所示,转账支票票样如图4-9所示

续上表

结算方式	定　义
本票	本票是出票人签发的,承诺在自己见票时无条件支付确定的金额给收款人或者持票人的票据。目前,我国只允许银行签发本票。本票票样如图4-12所示
汇票	汇票分为银行汇票和商业汇票
信用卡	信用卡是一种由银行或信用卡公司签发,证明持卡人信誉良好,可以在指定的消费场所消费或在各地的金融机构取现、办理结算的信用凭证和支付工具。信用卡现已成为全世界被普遍使用的支付方式
电子支付	电子支付是指消费者、商家和金融机构之间使用安全电子手段把支付信息通过信息网络安全地传送到银行或相应的处理机构,以实现货币支付或资金流转的行为。电子支付的类型主要有电子现金、电子钱包、电子支票、智能卡、移动支付等。目前最热门的电子支付方式是支付宝、微信

(四) 汽车营销常用的票据使用规定

汽车营销常用的票据使用规定,见表4-10。

汽车营销常用票据使用规定　　　　　　表4-10

结算方式	使用规定
支票	(1)支票一律记名。 (2)支票的有效期为5天。 (3)支票的金额起点为100元
本票	(1)在指定城市的同城范围内使用。 (2)银行本票的金额起点为100元,定额银行本票面额为1000元、5000元、10000元、50000元。

续上表

结算方式	使用规定
本票	(3)付款期自出票日起最长不超过两个月(不分大月小月,到期日遇假日顺延),逾期的银行本票,兑现银行不予受理,但可以在签发银行办理退款。 (4)一律记名,允许背书转让。 (5)银行本票见票即付,不予挂失。遗失不定额的银行本票在付款期满后一个月确认未被冒领的,可以办理退款手续
汇票	银行汇票: (1)银行汇票金额起点为500元。 (2)银行汇票的付款期为一个月。 (3)汇款人持银行汇票可向填明的收款人或背书人受理银行汇票,在银行汇票背面加盖预留银行签印后,连同解讫通知及进账单,送交开户银行办理转账。 (4)收款人如需在兑付地支取现金,汇款人在填写"现金"字样后加盖汇款金额。 (5)收款人如需分次支取款项时,应以收款人的姓名开立临时存款户办理支付,临时存款户只付不收,付完清户,不计利息。 商业汇票: (1)商业汇票一律记名,允许背书转让。 (2)商业汇票的承兑期限,由交易双方商定,但最长不超过6个月。 (3)使用商业汇票的单位必须是在银行开立账户的企业法人。 (4)商业汇票按购销约定签发。 (5)商业汇票承兑汇票的收款人或背书人,对在同一城市的付款人承兑的汇票,应于汇票到期日将汇票送到银行,对在异地的付款人承兑的汇票,应于汇票到期日前5天内,将汇票交开户银行办理收款

续上表

结算方式	使用规定
信用卡	（1）信用卡持卡人可以在法定的限额和期限内进行消费用途的透支，透支额度为：金卡 1 万元，普通卡 500 元。透支期限最长为 60 天。 （2）信用卡透支利息，自签单日或银行记账日起 15 天内按日息万分之五计算。超过 15 天按日息万分之十计算，超过 30 天或透支金额超过规定限额的，按日息万分之十五计算。透支计息不分段，按最后期限或最高透支额的最高利率档次计息
电子支付	（1）银行通过互联网为个人客户办理电子支付业务，除采用数字证书、电子签名等安全认证方式外，单笔金额不应超过 1000 元人民币，每日累计金额不应超过 5000 元人民币。 （2）银行为客户办理电子支付业务，单位客户从其银行结算账户支付给个人银行结算账户的款项，其单笔金额不得超过 5 万元人民币，但银行与客户通过协议约定，能够事先提供有效付款依据的除外。 （3）银行应在客户的信用卡授信额度内，设定用于网上支付交易的额度供客户选择，但该额度不得超过信用卡的预借现金额度

（五）常见票据票样

图 4-10 为现金支票，图 4-11 为转账支票，图 4-12 为银行本票，图 4-13 为银行汇票，图 4-14 为商业汇票。

（六）汽车销售服务软件电子单据的填写

(1) 操作工具支持：计算机、4S 站管理系统软件。

(2) 结算流程：采购入库→整车销售→整车销售中的一条龙服务→销售收款→交车。

(3) 软件操作步骤："采购入库→整车销售→整车销售中的一条龙服务"操作步骤与课题二中常用票据及填写方法中的汽贸流程相同。

项目四 汽车营销表单作业

图 4-10 现金支票

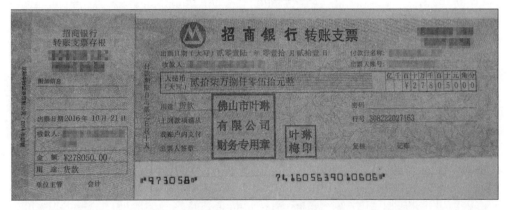

图 4-11 转账支票

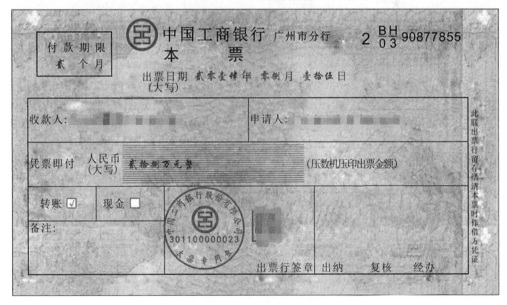

图 4-12 银行本票

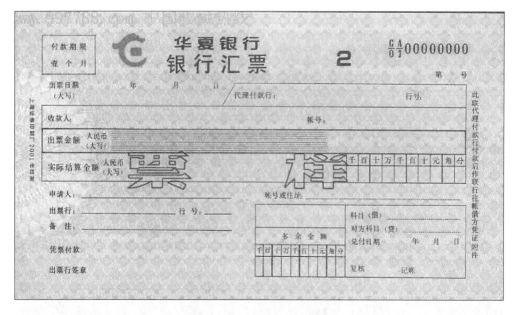

图 4-13　银行汇票

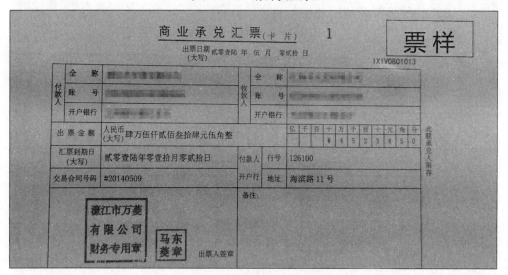

图 4-14　商业汇票

二、实训情景设计

运用 4S 站管理系统软件,结合教师提供的数据,操作结算流程。

三、检查评价

结合实训情景数据,各小组运用 4S 站管理系统软件完成结算流程的操作。服务软件操作评分由计算机自动生成。

项目四 汽车营销表单作业

课题四 汽车营销合同

一、汽车购销合同

一般汽车营销商在汽车买卖前都准备有事先印制好的汽车购销合同,买卖双方只需要根据协商好的事项进行填空即可,常见汽车购销合同如图4-15所示。新车交车检验表如图4-16所示。

编号:NO

卖方					
买方		证件名称		证件号码	
电话		地址		电子邮件	
一、车辆信息					
车辆品牌		车辆型号		数量	___壹___辆
外观颜色		内饰颜色		VIN码(必填)	
二、价格信息(人民币)					
新能源补贴预扣金额	1.____年度国家新能源补贴(____万元/辆); 2.____年度____省级新能源补贴(____万元/辆);____年度____市级新能源补贴(____万元/辆);____区级新能源补贴(____万元/辆);充电桩补贴(____万元)(说明:若无充电桩补贴,在该项处划"/"或者填"无",若有则需根据具体的补贴金额实际填写)。 本栏仅限新能源车型适用,如所列补贴预扣金额与国家、地方公布的补贴金额不一致的,则以届时国家、地方公布的补贴金额为准				
购车价	____元整	人民币¥ ____佰____拾____万____仟 ____佰____拾____圆整			

图 4-15

买方委托事项及费用	☐上牌服务费(上牌费用：　　上牌地点＿＿＿) ☐代缴购置税(费用：　　) ☐代缴车船税(费用：　　) ☐代买车辆保险(费用：　　) ☐按揭服务费(费用：　　) ☐置换服务费(费用：　　) ☐其他： 费用合计＿＿＿元	
	保险公司名称	
	险种 (具体以保单信息为准)	☐交强险　☐车辆损失险　☐车辆盗抢险 ☐第三责任险　☐玻璃险　☐车上人员责任险 ☐不计免赔险
合同总金额	＿＿＿元整	人民币¥＿＿＿佰＿＿＿拾＿＿＿万＿＿＿仟 　　　　＿＿＿佰＿＿＿拾＿＿＿元整
	合同总金额为买方应支付卖方的总费用,包含购车价和买方委托卖方办理事项费用	
三、付款方式及期限		
定金	＿＿＿元整	人民币¥＿＿＿佰＿＿＿拾＿＿＿万＿＿＿仟 　　　　＿＿＿佰＿＿＿拾＿＿＿元整
	付款方式	☐现金　☐刷卡　☐其他＿＿＿
余款	＿＿＿元整	人民币¥＿＿＿佰＿＿＿拾＿＿＿万＿＿＿仟 　　　　＿＿＿佰＿＿＿拾＿＿＿元整
	付款方式	☐现金＿＿＿元　☐刷卡＿＿＿元 ☐按揭＿＿＿元　☐汽车金融＿＿＿元 ☐其他＿＿＿

图 4-15

项目四　汽车营销表单作业

付款期限	1.买方需在签署本合约书的当日向卖方支付定金和委托服务费,并在收到卖方付款通知之日起5日内付清本合约所述除已付定金和委托服务费以外的全部款项; 2.买方选择银行按揭或者比亚迪汽车金融贷款等金融机构贷款或分期付款业务支付余款,但是最终买方未能通过金融机构的业务审批的,买方需在收到卖方通知后的5日内一次性支付剩余余款
四、提车日期及地点	
提车地点	提车时间
验收标准	按照本合同约定及生产厂家的技术标准进行验收,双方应共同签署书面的车辆验收单(见附件)
验收时间	提车当日
卖方(签字捺印/盖章) 业务代表：　　　　电话： 签订时间：　　年　月　日	买方(签字捺印/盖章) 签订时间：　　年　月　日
后附《销售条款》为本汽车销售合同不可分割的一部分,与本合同约具有同等法律效力	

销售条款

尊敬的客户,您好！以下销售条款请您务必仔细阅读,如有疑问可随时向销售人员提出,并要求解释。如果您签署了本合约,将会被视为您已经充分理解本合约的全部条款和内容：

1.我们将会按照本合约约定的方式和期限,向您交付与本合约约定相一致的车辆,但是前提是,您已经向我们足额支付了合约总金额。

2.本合约约定的提车时间和提车地点,如果有特殊情况发生,我们会及时和

图　4-15

您沟通,以确认是否有必要变更,当然,您也可以根据您的实际情况和我们协商确认最终的提车时间和提车地点。

3. 您可自由选择向我们支付合约总金额的方式,但是请务必注意,如果您希望采用刷卡方式(包括储蓄卡和信用卡)支付合约金额,您应保证使用本人银行卡,否则由此产生的全部后果将由您自行承担,如果给我们造成损失,还需承担赔偿责任。

我们将在收到您足额支付的合约金额后,按照本合约约定的车辆结算价格向您开具机动车销售统一发票。

4. 由于购车需要您提供一定的资料(如个人身份信息、车辆牌照指标信息、个人征信报告、银行流水等金融机构贷款所需的材料等),为向您提供更好的服务,请务必确保提供给我们的资料、证件等信息是真实、合法、准确、有效的。

5. 本合约书下,如您委托我们代为办理特定事项的,我们会竭诚为您服务,同时在必要情况下,请您知悉我们有可能会委托给第三方处理。

6. 新能源汽车补贴的特别条款(仅限新能源车型适用)

如果您购买的车辆为新能源车型,且本合约中约定的购车价已经预扣对应的国家补贴和地方补贴金额,则您必须按照我们要求的时限和条件提交新能源补贴的申领资料,我们会向您发出具体的通知。如因您未按我们的要求提交新能源补贴申领资料(包括但不限于提供资料有错误、资料不全、逾期提供等)导致我们不能申领或者不能足额申领到与新能源补贴预扣金额相等的补贴款,则您需在收到我们发出付款通知之日起的三(3)日内一次性向我们支付差额部分,并且承担我们遭受的全部损失。

7. 请您在收到交付的车辆后,对车辆进行验收并且配合我们签署车辆验收单,如果您发现车辆与本合约约定的品牌、型号、规格、颜色不一致或者有其他问题的,请务必说明详细原因,并在车辆验收单上签字确认,我们将根据情况为您更换或处理,但是如果您没有任何理由而拒绝签署验收单的,我们亦有权拒绝向您交付车辆。车辆一经交付给您,则毁损、灭失的风险将由您自行承担,但是我们仍将为您提供售后及质保服务。

8. 您在使用车辆前,请务必仔细阅读相关指导手册,并且合理使用车辆。我们致力于为您提供优质的售后服务,具体的质保和售后服务请您查阅保修手册。如我们交付的车辆,在您使用过程中发生"三包"或者质保范围的质量问题,请您立即与我们、我们的维修厂或特约维修厂(下统称"维修厂")联系,并准备好与车

图 4-15

辆相关的资料(如车辆发票复印件、行驶证复印件、车辆使用人联系方式等),维修厂将根据车辆的具体情况为您提供售后和质保服务。必要时,我们也将为您提供合理的协助。

9. 请您重点关注本合约中约定的车辆合约总价、价款的支付期限和支付方式,并确保可以按照约定足额支付各应付款项(如车款、因委托事项产生的费用、新能源补贴款、赔偿金等),如果您有逾期支付的情形,我们将有权向您主张应付未付款项万分之六/日的逾期付款违约金,如果逾期超过7日的,我们还有权解除本合约。

10. 诚信履行合约是您和我们都应遵守的基本原则,如有违反约定的,应承担违约责任。当您有违约行为时,我们将有权直接从您已经支付的款项中扣除因您的违约行为而给我们造成全部损失的对应金额,您已经支付款项不足以弥补我们全部损失(如利润损失、补贴损失、律师费、诉讼费、仲裁费、调查费、差旅费等)的,我们有权要求您继续赔偿。

11. 如果因不可抗力(包括但不限于台风、地震等自然灾害或者严重恶劣天气、政府政策或者法律法规之改变、罢工、意外事件等因素),致使我们不能及时交付车辆时,我们有权延迟交付车辆且不视为违约,但是我们会在不可抗力事件发生时立即通知到您,以便我们另行协商具体的交付时间。

12. 在本合约下,我们向您发送的通知将以电话、传真、邮寄、电子邮件、手机短信、微信等方式送至您在本合约中预留的电话、传真号码、地址或电子邮件,或者买方提供的微信号,送至以上任一方式的,均会视为送达。如您的联系方式有变动,请立即通知我们,如果未能及时通知,由此导致的费用、损失等将由您自行承担。

13. 因本合约发生的一切争议,我们将与您友好协商处理,如果协商不成,将在××仲裁委员会按照届时该会有效的仲裁规则在××仲裁解决。

14. 本合约书一式两份,在以下条件完成之后方可生效:a:我们和您都已经签字捺印/盖章;b:我们收到您支付的定金。

15. 本合约非经双方同意不得更改,如有未尽事宜,双方应另行签署书面的补充协议。

16. 本合约任何条款因违反法律强制性规定无效的,不影响其他条款的效力。

卖方(盖章): 　　　　　　　　　　买方(签字捺印/盖章):

日期: 　　　　　　　　　　　　　日期:

图4-15　汽车销售合同(样本)

车主姓名		联系电话		E-mail	
车牌号码		身份证号			
车架号码		车辆型号		车辆颜色	
职业类型		投保公司		投保起止日期	
联系地址					

车辆证件及单据交接

1. 客户自理上牌：☐车辆合格证　　　　☐购车发票
　　　　　　　　☐未上牌先提车风险提醒
2. 公司代理上牌：☐车辆行驶证　　　　☐购置附加费证
　　　　　　　　☐代办保险费用单据　☐车辆行驶证回执
　　　　　　　　☐保险卡　　　　　　☐绿色环保标志
　　　　　　　　☐居住证　　　　　　☐机动车登记证书
　　　　　　　　☐交强险标志　　　　☐其他：

车辆使用手册：☐保修手册　☐车辆使用说明书　☐介绍保修政策

车辆及随车物品检查：
　　　　　　☐车内外清洁　☐外观内饰状况良好　☐备用轮胎1条
　　　　　　☐点烟器　　　☐备用工具1套　　　☐数据线
　　　　　　☐钥匙（　）条　☐已核对车架号及发动机号
　　　　　　☐精品加装

车辆操作演示：☐座椅及转向盘的调节方法
　　　　　　　☐后视镜及电动窗调节方法
　　　　　　　☐介绍仪表盘上各仪表的作用
　　　　　　　☐发动机舱内各油、水的正确检查方法
　　　　　　　☐各项功能键的正确操作方法
　　　　　　　☐备用轮胎、千斤顶的使用方法

提醒服务：☐维护时间　　☐保修范围　　☐保险索赔流程

客户服务部门介绍：
　　☐介绍客户服务部门服务功能　☐介绍维修预约功能
　　☐介绍新车回访的服务功能　　☐介绍认识客户服务经理

图 4-16

```
┌─────────────────────────────────────────────────────────────┐
│  □客户可以接受的回访时间      □售后服务部门介绍              │
│  □介绍互动式维修预约功能及流程                                │
│  □介绍售后服务部门的维修流程及服务功能,强调保修等相关内容    │
│  □介绍认识售后服务经理                                        │
│  客户确认签名:                  销售顾问签名:                │
│  客服经理签名:                  售后经理签名:                │
└─────────────────────────────────────────────────────────────┘
```

图 4-16　新车交车检验表

二、实训情景设计

请以表 4-11《车辆合格证》的数据为参照,设计一个与顾客签订该汽车销售合同的情景。

车 辆 合 格 证　　　　表 4-11

项目			
1. 合格证编号	YK5220001355475	2. 发证日期	2020 年 12 月 9 日
3. 车辆制造企业名称	比亚迪汽车有限公司		
4. 车辆品牌/车辆名称	比亚迪牌	纯电动轿车	
5. 车辆型号	BYD7009BEV	6. 车辆识别代号/车架号	LC0CF6CD1L1067840
7. 车身颜色	赤帝红		
8. 底盘型号/底盘 ID	—		—
9. 底盘合格证编号	—	10. 发动机型号	TZ200XSC
11. 发动机号	1A0033727		
12. 燃料种类	电	13. 排量和功率（mL/kW）	— 163

续上表

14.排放标准	—					
15.油耗	—					
16.外廓尺寸（mm）	4980	1910	1495	17.货厢内部尺寸（mm）	—	—	—
18.钢板弹簧片数（片）	—			19.轮胎数	4		
20.轮胎规格	245/45R19						
21.轮距(前/后)(mm)	1640			1640			
22.轴距(mm)	2920						
23.轴荷(kg)	1190/1355						
24.轴数	2			25.转向形式	转向盘		
26.总质量(kg)	2545			27.整备质量(kg)	2170		
28.额定载质量(kg)	—			29.载质量利用系数	—		
30.准牵引总质量(kg)	—			31.半挂车鞍座最大允许总质量(kg)	—		
32.驾驶室准乘人数(人)	—						
33.额定载客(人)	5						
34.最高设计车速(km/h)	185						

续上表

35.车辆制造日期	2020年12月9日		
备注:该产品为新能源车辆,新能源类型为纯电动,其他驱动电机型号TZ200XSE,编号1A0035980,峰值功率为200kW。标配全景天窗。选装轮毂,尾部字标,前摄像头,前部雷达,后侧面雷达,前侧面雷达,前门装饰条,外后视镜。ABS型号:IP8,生产企业:博世汽车部件(苏州)有限公司		36.二维条码	

车辆制造企业信息:

本产品经过检验,符合《HCE系列纯电动轿车》(Q/BYDQ—A1915.0048)的要求,准予出厂,特此证明。

车辆生产单位名称:比亚迪汽车工业有限公司

车辆生产单位地址:深圳市坪山新区坪山横坪公路3001号

车辆制造企业其他信息:

电话:0755-89888888 传真:0755-84202222

三、检查评价

分组请同学上台展示签订合同的情景,其他小组结合表4-12给展示同学评分。

签订合同评分表 表4-12

序号	评分项目	评分标准		分值	得分
1	工作流程	准备工作完整性	(1)备好合同书一式两份并向顾客出示	5	
			(2)请顾客出示有效的身份证件并查验	5	
			(3)与顾客确认支付方式及定金数额	5	
			(4)提请合同文本给顾客阅读	5	
			(5)带领顾客交付定金	5	
2	工作规范	书写规范性	(1)参照《车辆一致性证书》的数据,逐项填写合同书中的"车辆规格及价款"项目,并与之相符	10	
			(2)无错别字,无涂改	10	
			(3)人民币金额大小写正确,填写到角、分,无角、分的可以写"00"或者以"—"表示	5	
			(4)部分须顾客确认的合同内容必须遵循先确认再填写的原则,如"交付方式""车辆交付时间""定金数额"等项目	10	

续上表

序号	评分项目	评分标准		分值	得分
2	工作规范	书写规范性	(5)部分合同内容须按现行相关政策、行业规则等填写的,销售顾问应于填写前予以说明,如"分期付款中余下欠款的支付周期""银行贷款"等项目	10	
			(6)请顾客手写签名、填写联系电话,一式两份	5	
			(7)请销售经理签名、填写公司联系电话,并加盖公司印章,一式两份	5	
			(8)根据相关政策解疑答问,回答内容具有可操作性	10	
3	工作规范	资料管理规范	(1)交付一份合同书给顾客,并说明今后要提交合同书的场合及时间,如交付余额时间及交付车辆时间	5	
			(2)另一份公司留存合同交由材料保管专员	5	
合计	综合评语:			100	

项目五　购车手续代理服务

项目描述

购车手续代理服务是汽车销售服务中的一项增值服务,在个别品牌汽车的销售中,还专门设定了"上牌专员"岗位,专职从事购车手续代理工作,基于顾客接受服务"从一性"原则,汽车销售人员是顾客咨询购车手续代办服务的首选对象。所以,购车手续代理服务是汽车销售人员应会的一项业务。

本项目所包含的主要内容是新车初检项目与程序,车辆购置税计算与交纳流程,车辆证照办理流程,应熟练掌握。

该项目重在流程的熟悉,考查汽车销售人员对车辆证照办理流程的掌握、费用计算等能力,以便更好地提供咨询服务。

知识目标

(1) 熟知车辆证照办理各环节所需车辆文件及表格种类;

(2) 熟知车辆证照办理费用的构成及计算方式、规定等知识,并能准确地描述其包含内容。

技能目标

(1) 能为顾客提供车辆证照办理服务;

(2) 熟练计算车辆购置税。

素养目标

(1) 培养团队协作意识;

(2) 培养与人沟通能力;

(3) 掌握各种相关法规、条例的学习能力和知识更新能力。

建议课时

6课时。

课题一 新车初检项目与程序

一、新车初检的项目与程序

新车初检项目与程序,见表5-1。

新车初检程序　　　　　　　　　表5-1

初检程序	初检项目	检查标准	执行人
检前准备	1. 文件清点	国产车: (1)购车发票第四原件(蓝色); (2)交强险凭证; (3)复印件(个人)、机构代码复印件加盖公章(法人); (4)暂住证(外地身份证); (5)车辆合格证; (6)车辆购置税副本; 进口车:(1)~(4)项与国产车同; (7)货物进口证明书货物及一致性证书	4S店上牌专员或车辆所有人
	2. 车容准备	(1)车身外观无尘土、污渍; (2)去除车身上广告、贴纸等杂物	4S店上牌专员或车辆所有人
	3. 车况检查	(1)检查灯光。检查全车各种照明灯、指示灯是否齐全有效; (2)检测制动系统,以30km/h车速在平坦的路面上行驶,踩下制动踏板,看汽车是否制动有效,是否有跑偏等现象	车管所查验员
	4. 附加装置检查	灭火器、三角形警告标志牌	车管所查验员

续上表

初检程序	初检项目	检 查 标 准	执 行 人
填写《机动车查验记录表》	5.填写车况及车辆信息	(1)车辆识别代码； (2)发动机型号/号码； (3)车辆品牌/型号； (4)车身颜色； (5)核定载人数； (6)车辆类型； (7)号牌/车辆外观形状； (8)轮胎完好情况； (9)安全带、三角警示牌	车管所查验员
	6.填写检测项目	填写相关检测项目(见下栏"检测项目")	车管所查验员
上线前查勘	7.备车	将做好准备工作的汽车,驶至机动车检测站	机动车检测站检验员
	8.证件制表	将汽车使用说明书、汽车产品合格证、购车原始发票、汽车编号拓印件等办理审核、制表和登记	机动车检测站检验员
	9.填写《机动车登记表》	填写《机动车登记表》相关内容	机动车检测站检验员
上线检测	10.检测项目	(1)侧滑(cm/10m)； (2)前后制动； (3)驻车制动速度表； (4)前灯远近光； (5)发动机废气； (6)喇叭	机动车检测站检验员

续上表

初检程序	初检项目	检查标准	执行人
出具检测结果	11. 出具检验单	总检师审核并签署意见,出具《机动车安全技术检验合格证明》	总检师
	12. 交警审核	持上述所有文件到驻车管所交警处审核并在《机动车登记表》上签字盖章	机动车检测站交警

二、实训情景设计

(1)请你说出新车初检的程序及项目。

(2)顾客委托你公司代办新车登记手续,请运用所学知识及相关资料分组设计一个情景,现场展示。

三、检查评价

方案一:请列举新车初检的程序及项目相关标准,每答对一项加5分。

方案二:结合本课题所学知识,分组设计实训情景,各小组分别上台展示新车初检的程序及项目,其他小组结合表5-2给展示同学评分。

新车初检的程序评分表　　　　　表5-2

序号	评分项目		评分标准	分值	得分
1	检前准备流程认知	文件	(1)上牌专员或车主清点车辆文件	10	
		车容准备	(2)上牌专员或车主对车辆外观进行清洁,无明显污渍	10	
		查验主体明确性	(3)查验员检查车况	10	
		查验对象	(4)查验员附加装置检查	10	
2	表格填写规范	流程规范	(1)查验员按照规定填写车况及车辆信息	10	
		填写主体明确性	(2)查验员填写检测项目	10	

续上表

序号	评分项目	评分标准		分值	得分
3	查勘流程认知	检测地点正确	(1)检验员将车辆驶至监测站,做好检测准备	10	
		填写主体明确性	(2)检验员对车辆证件进行制表处理,填写《机动车登记表》	10	
4	检测项目认知	检测项目完整性	检验员分别对侧滑(cm/10m)、前后制动、驻车制动速度表、前灯远近光、发动机废气、喇叭进行检测	10	
5	检测结果出具	文件名称准备	总检师出具《机动车安全技术检验合格证明》交交警审核签字盖章	10	
合计	综合评语:			100	

 车辆购置税的计算与交纳流程

一、车辆购置税有关知识

(一)车辆购置税的含义

车辆购置税是对在境内购置规定车辆的单位和个人征收的一种税,它由车辆购置附加费演变而来。车辆购置税的纳税人为购置(包括购买、进口、自产、受赠、获奖或以其他方式取得并自用)应税车辆的单位和个人。

2018年12月29日,第十三届全国人民代表大会常务委员会第七次会议通过《中华人民共和国车辆购置税法》,自2019年7月1日起施行。2000年10月22日国务院公布的《中华人民共和国车辆购置税暂行条例》同时废止。

（二）车辆购置税的征收范围

（1）车辆购置税的征收范围包括汽车、有轨电车、汽车挂车、排气量超过 150mL 的摩托车。

（2）地铁、轻轨等城市轨道交通车辆，装载机、平地机、挖掘机、推土机等轮式专用机械车，以及起重机（吊车）、叉车、电动摩托车，不属于车辆购置税应税车辆。

（三）车辆购置税的计税公式

（1）车辆购置税实行从价定率的办法计算应纳税额，应纳税额的计算公式为：应纳税额 = 计税价格 × 税率。

（2）车辆购置税税率为：10%。

（3）纳税人申报的应税车辆计税价格明显偏低，又无正当理由的，由税务机关依照《中华人民共和国税收征收管理法》的规定核定其应纳税额。

（4）国产车辆购置税。

计算公式：

$$车辆购置税 = 全部价款 \div (1 + 增值税税率13\%) \times 10\%$$

【例 5-1】 张某购买一台家庭自用轿车 150000 元，应缴纳车辆购置税 13274.33 元。

计算过程为：

$$计税价格 = 150000 \div (1 + 13\%) \times 10\% = 13274.33（元）$$

（5）进口车辆购置税。

计算公式：

$$计税价格 = (关税完税价格 + 关税 + 消费税) \times 10\%$$

【例 5-2】 李某 2020 年 1 月 8 日进口一辆小轿车，到岸价格 400000 元。已知关税税率 50%，消费税税率 8%，李某应纳车辆购置税 64800 元。

计算过程为：

第一步：确定关税完税价格。关税完税价格 = 买价 + 运费 + 保险费，本案例未涉及运费及保险费，故关税完税价格为 400000 元。

第二步：计算关税。关税 = 关税完税价 × 关税税率，即：

$$400000 \times 50\% = 200000（元）$$

第三步：计算消费税。消费税 = （关税完税价 + 关税） × 消费税税率，具体为：

$$(400000 + 200000) \times 8\% = 4800（元）$$

第四步：计算计税价格。

计税价格 =（关税完税价格 + 关税 + 消费税）×10%

（400000 + 200000 + 48000）×10% = 64800（元）

（四）征收车辆购置税的其他有关规定

(1) 纳税人购买自用应税车辆的，应当自购买之日起60日内申报纳税；进口自用应税车辆的，应当自进口之日起60日内申报纳税；自产、受赠、获奖或者以其他方式取得并自用应税车辆的，应当自取得之日起60日内申报纳税。车辆购置税税款应当一次缴清。

(2) 如自购买车辆之日起60日内未到主管税务机关交纳购置税，超过60日则加收滞纳金；

滞纳金 = 应纳车辆购置税税额 × 万分之五 × 滞纳天数

(3) 自2021年1月1日至2022年12月31日，对购置的新能源汽车免征车辆购置税。免征车辆购置税的新能源汽车是指纯电动汽车、插电式混合动力(含增程式)汽车、燃料电池汽车。

（五）交纳车辆购置税的程序

交纳车辆购置税程序见表5-3。

车辆购置税交纳程序 表5-3

交纳程序	所需文件
1. 纳税人填写申报表	《车辆购置税纳税申报表》(以下简称纳税申报表)
2. 提供车辆所有人身份证明（原件和复印件各一）	(1) 内地居民，提供内地《居民身份证》(含居住、暂住证明)或《居民户口簿》或军人(含武警)身份证明； (2) 香港、澳门特别行政区、台湾地区居民，提供入境的身份证明和居留证明； (3) 外国人，提供入境的身份证明和居留证明； (4) 组织机构，提供《组织机构代码证书》

续上表

交纳程序	所需文件
3.审核车辆价格证明	(1)境内购置车辆,提供统一发票(发票联和报税联)或有效凭证; (2)进口自用车辆,提供《海关关税专用缴款书》《海关代征消费税专用缴款书》或海关《征免税证明》
4.审核车辆合格证明	(1)国产车辆,提供整车出厂合格证明(以下简称合格证); (2)进口车辆,提供《中华人民共和国海关货物进口证明书》或《中华人民共和国海关监管车辆进(出)境领(销)牌照通知书》或《没收走私汽车、摩托车证明书》
5.审核税务机关要求提供的其他资料	(1)外国驻华使馆、领事馆和国际组织驻华机构的车辆,提供机构证明; (2)外交人员自用车辆,提供外交部门出具的身份证明; (3)中国人民解放军和中国人民武装警察部队列入军队武器装备订货计划的车辆,提供订货计划的证明; (4)设有固定装置的非运输车辆,提供车辆内、外观彩色5寸照片; (5)其他车辆,提供国务院或国务院税务主管部门的批准文件
6.交费	交费标准参照车辆购置税的征收标准
7.发证	发放《车辆购置税完税证明》及交税发票

二、实训情景设计

(1)某北京市顾客购买新车车辆信息:比亚迪宋1.5T自动领航版,车价129900元,请你根据现行税率计算购买该车的车辆购置税费用。

(2)某北京市民购买自用新车车辆信息:奔驰进口GLC 300 2.0T,车价560000元,现行关税税率50%,消费税税率8%,请你根据税率计算购买该车的车辆购置税费用。

三、检查评价

方案一:教师邀请学生现场演示实训情景中两款目标车辆的信息计算购置税,税费金额精确到角。评分表见表5-4。

方案二:学生根据所学内容陈述以上两款车辆缴纳购置税所需的材料。评分表见表5-5。

车辆购置税计算评价表　　　　表5-4

序号	评分项目		评分标准	分值	得分
1	国产车购置税计算	计算标的价格	(1)正确列出目标车型的发票价款:129900元	10	
		公式运用	(2)计税价格公式使用正确:发票价款÷(1+13%)	10	
		公式运用	(3)应纳税额计算公式使用正确:计税价格×10%	10	
		计算	(4)结果计算准确:(129900÷1.13)×10%=11495.5元	10	
2	进口车购置税计算	计算标的价格	(5)确定关税完税价格:560000元	10	
		公式运用	(6)正确计算关税,关税完税价×关税税率:560000×50%=280000元	10	
		公式运用	(7)正确计算消费税:(关税完税价+关税)×消费税税率=(560000+280000)×8%=67200元	10	
		公式运用	(8)正确计算计税价格:(关税完税价格+关税+消费税)×10%=(560000+280000+67200)×10%=90720元	10	

续上表

序号	评分项目		评分标准	分值	得分
3	读数	陈述表达	读数正确	10	
4	数据书写	书写规范	数据书写正确、数据大小写符合要求	10	
合计	综合评语:			100	

陈述车辆购置税缴纳所需材料评价表 表5-5

序号	评分项目		评分标准	分值	得分
1	国产车购置税缴纳所需材料	身份证件审核	（1）顾客身份证明证件原件及复印件各一	10	
		购买凭证审核	（2）车辆统一发票原件及复印件各一	10	
		车辆合格凭证审查	（3）国产汽车出厂合格证明一份	10	
		金额表述	（4）缴纳目标车辆购置税金额：11495.5元	10	
2	进口车购置税缴纳所需材料	身份证件审核	（5）顾客身份证明证件原件及复印件各一	10	
		购买凭证审核	（6）提供《海关关税专用缴款书》《海关代征消费税专用缴款书》原件及复印件各一	10	
		车辆合格凭证审查	（7）提供《中华人民共和国海关货物进口证明书》	10	
		金额表述	（8）缴纳目标车辆购置税金额：90720元	10	

续上表

序号	评分项目	评分标准		分值	得分
3	陈述沟通	语言表达	（9）文件名称和数字表达准确、表达连贯条理清晰	10	
4	综合素质	礼貌礼节	（10）陈述过程有礼有节，具有较好的礼仪修养，酌情给分	10	
合计	综合评语：			100	

课题三　车辆证照的办理流程

一、新车证照的种类

（一）机动车行驶证

1. 机动车行驶证的定义

机动车行驶证是公安机关交通管理部门准予机动车上道路行驶的法定证件。同时，也为机动车管理机构或公安交管部门掌握车辆的归属和技术状况、掌握车辆的分布状况提供依据，便于加强车辆管理。由证夹、主页、副页三部分组成，如图5-1、图5-2所示。其中：主页正面是已签注的证芯，背面是机动车相片，并用塑封套塑封。副页是已签注的证芯。

图5-1　机动车行驶证证夹

2.《中华人民共和国道路交通安全法》关于机动车行驶证的管理规定

《中华人民共和国道路交通安全法》第十一条规定："驾驶机动车上道路行驶，应当悬挂机动车号牌，放置检验合格标志、保险标志，并随车携带机动车行驶证。"因此，持有《机动车行驶证》是车辆上路行驶的先决条件之一，驾驶人上路行车不带行驶证属于违规行为，无论是没有领取《机动车行驶证》还是忘记随身携带。

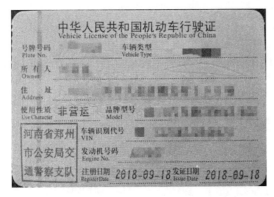
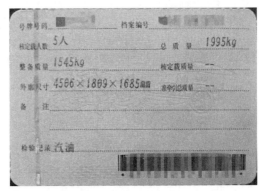

图 5-2　机动车行驶证主页与副页

第九十五条　上道路行驶的机动车未悬挂机动车号牌,未放置检验合格标志、保险标志,或者未随车携带行驶证、驾驶证的,公安机关交通管理部门应当扣留机动车,通知当事人提供相应的牌证、标志或者补办相应手续,并可以依照本法第九十条的规定予以处罚。当事人提供相应的牌证、标志或者补办相应手续的,应当及时退还机动车。

第九十条　机动车驾驶人违反道路交通安全法律、法规关于道路通行规定的,处警告或者二十元以上二百元以下罚款。本法另有规定的,依照规定处罚。

(二)机动车牌照

1.机动车临时牌照

按照《机动车登记规定》(公安部令第 102 号)规定,机动车所有人购买机动车后尚未注册登记,需要临时上道路行驶的,可以向车辆管理所申领临时行驶车号牌。需要在本行政辖区内临时行驶的,可以申请有效期不超过十五日的临时行驶车号牌;需要跨行政辖区临时行驶的,可以申请有效期不超过三十日的临时行驶车号牌,如图 5-3 所示。

图 5-3　机动车临时牌照

2.机动车牌照

(1)机动车牌照的结构,见表 5-6。

机动车牌照的结构　　　　　　　　　　表 5-6

结　构	含　义
第一部分：汉字	代表该车户口所在省的简称：如四川为川，北京为京，重庆为渝，上海为沪
第二部分：英文	代表该车所在地的地市一级代码，规律一般为：A 是省会，B 是该省第二大城市，C 是该省第三大城市，依此类推
第三部分：汽车编号	普通燃油汽车一般为 5 位数字，即从 00001～99999，编号超过 10 万时，就用 A、B、C 等英文字母代替；新能源汽车专用号牌号码增加一位，由 5 位升为 6 位

(2) 不同车辆类型的牌照特征，见表 5-7。

不同车辆类型的牌照特征　　　　　　　　表 5-7

牌照类型	特　征
大型汽车	牌照为黄底，黑字，黑框线
挂车	牌照为黄底，黑字，黑框线
警用汽车	牌照为白底，黑字，红"警"字，黑框线
大使馆外籍汽车	牌照为黑底，白字，红"使"字，白框线
领事馆外籍汽车	牌照为黑底，白字，红"领"字，白框线
港澳出入境汽车	牌照为黑底，白字，白"港""澳"字，白框线
小型汽车	牌照为蓝底白字，黑框线
新能源汽车	牌照为白绿渐变底，黑字，黑框线，字母 D 代表纯电动车辆，字母 F 代表非纯电动车辆
教练汽车	牌照为黄底，黑字，黑"学"字，黑框线

(3)《中华人民共和国道路交通安全法》关于机动车牌照使用的有关规定。

第十一条　驾驶机动车上道路行驶，应当悬挂机动车号牌，放置检验合格标志、保险标志，并随车携带机动车行驶证。机动车号牌应当按照规定悬挂并保持清晰、完整，不得故意遮挡、污损。任何单位和个人不得收缴、扣留机动车号牌。

二、新车证照办理程序

新车证照办理程序,见表5-8。

新车证照办理程序　　　　　　　　　　　　表5-8

注册程序	所需文件	地点
1. 资料交付	(1) 填写《机动车注册、转移、注销登记/转入申请表》; (2) 车辆所有人身份证明; (3) 购车发票(蓝色的一联); (4) 车辆购置税完税证明; (5) 国产车的车辆合格证、进口车的货物进口证明书; (6) 已经生效的交强险保单的副本; (7) 车架号、发动机号拓印膜两份; (8) 机动车安全技术检验合格证明(非免检车型)	车辆注册地购置税征稽所管理所导办厅或申报厅
2. 检车、照相	(1) 查验发动车号牌,车架号码有无凿改痕迹并与全国被盗机动车信息库进行比对; (2) 如无第一项情形,车架号、发动机号拓印膜各两份; (3) 车辆相片拍摄:在驾驶室前方呈45°拍摄、升起全车车窗,拍摄效果尽可能显示前后轮毂,饱满显示全车	检测站查验岗
3. 注册登记	(1) 打印照片; (2) 核对车辆信息; (3) 登陆机动车注册登记系统进行车辆信息录入	检测站信息录入员岗
4. 选取号牌	提供车主自编车牌号或现场5选1	选号窗

续上表

注册程序	所需文件	地　点
5. 交费	(1) 行驶证工本费 15 元； (2) 机动车临时号牌 5 元； (3) 汽车号牌 100 元/副； (4) 机动车登记证书工本费 10 元/本； (5) 拓号照相 38 元； (6) 汽车安全检验费 100 元； (7) 装牌费 20 元	缴费窗口
6. 领号牌	(1) 领取机动车临时号牌； (2) 7 个工作日后持交费单据领取新车号牌	牌照室

三、实训情景设计

(1) 上海市民王小姐购买了一台国产车，现在你的 4S 店将为该车辆上牌，请你陈述办理上牌所需要的材料，检查评价表参见表 5-9。

(2) 请你向王小姐陈述新车牌照办理的程序及费用构成，检查评价表参见表 5-10。

新车牌照办理所需材料检查评价表　　　　表 5-9

序号	评分项目	评分标准		分值	得分
1	证件名称	名称准确、数量正确	(1)《机动车注册、转移、注销登记/转入申请表》	10	
			(2) 车辆所有人身份证件复印件一份	10	
			(3) 购车发票原件（蓝色的一联）	10	
			(4) 车辆购置税完税证明	10	

续上表

序号	评分项目	评分标准		分值	得分
1	证件名称	名称准确、数量正确	(5)车辆合格证	10	
			(6)交强险保单的副本	10	
			(7)车架号、发动机号拓印膜两份	10	
			(8)机动车安全技术检验合格证明	10	
2	陈述	语言表达	文件名称和数字表达准确,条理清晰,酌情给分	10	
3	礼仪	礼貌礼节	陈述过程有礼有节,具有较好的礼仪修养,酌情给分	10	
合计	综合评语:				

陈述新车牌照办理的程序及费用评价表　　　表5-10

序号	评分项目	评分标准		分值	得分
1	数据运用	陈述费用总价	288元	10	
2	费用构成陈述	项目构成、金额	(1)行驶证工本费15元	10	
			(2)拓号照相38元	10	
			(3)汽车号牌100元/副	10	
			(4)机动车登记证书工本费10元/本	10	
			(5)机动车临时号牌5元	10	

续上表

序号	评分项目	评分标准		分值	得分
2	费用构成陈述	项目构成、金额	（6）汽车安全检测费100元	10	
			（7）装牌费20元	10	
3	陈述	语言表达	文件名称和数字表达准确,条理清晰,酌情给分	10	
4	礼仪	礼貌礼节	陈述过程有礼有节,具有较好的礼仪修养,酌情给分	10	
合计	综合评语：			100	

项目六　顾客开拓

项目描述

"顾客是上帝",这句话早已深入人心。今天的汽车企业面临着日益激烈的竞争,要想在残酷的角逐中生存下去,必须要不断地满足汽车消费者的各种需求。本项目所包含的主要内容是汽车销售人员在进行有效的市场调查基础上,正确地分析顾客的类型,不断去发掘潜在顾客,进一步提高和维持顾客的忠诚度。以上内容应熟练掌握,灵活运用。

该项目重在技能操作,主要考查汽车销售人员分析顾客、发掘顾客、维持顾客忠诚度的能力及进行市场调查的能力。

知识目标

(1)能准确分析不同类型的顾客;
(2)熟知顾客开拓的意义和方法;
(3)了解维持顾客忠诚度的意义和方法;
(4)熟知市场调查的方法。

技能目标

(1)能运用所学知识灵活应对各种顾客;
(2)学会挖掘潜在顾客,并能进一步维持顾客的忠诚度;
(3)能利用市场调查的方法,进行有效的市场调查。

素养目标

(1)进一步提升诚信精神;
(2)培养与人沟通能力及自动化办公设备运用、信息库应用能力。

建议课时

20课时。

课题一　顾客类型及分析

一、顾客类型及分析

(一)汽车顾客类型及其分析

我们通常所说的汽车顾客包括私人消费用户、集体消费用户、产业用户及其他直接或间接用户等,根据不同的顾客类型策划不同的营销手段,是每个销售人员必须掌握的职业技能。汽车顾客类型及其分析见表6-1。

汽车顾客类型及其分析　　　　　　表6-1

顾客类型	类型分析
私人消费用户	将购买的汽车作为个人或家庭消费使用的顾客。这类消费者分布最为广泛,需求强度大,占据了汽车消费者的绝大部分
集团消费用户	将汽车作为集团消费性物品使用,维持集团事业运转的集团客户。这类客户主要包括各类企业单位、事业单位、政府机构、司法机关、社团组织以及军队等
产业用户	也称为运输营运者,将汽车作为生产资料使用,满足生产、经营需要的组织和个人。这类用户在我国汽车市场上占有重要位置
其他直接或间接用户	指以上用户以外的各种汽车用户及其代表,包括以进一步生产为目的的各种再生产型购买者,以转卖为目的的各种汽车中间商,他们都是间接用户

(二)顾客购买动机分析

不同的顾客有不同的用车需求,作为一名优秀的汽车销售顾问,必须学会分析顾客的购买动机,才能创造良好的销售业绩。顾客购买动机类型见表6-2。

项目六 顾客开拓

顾客购买动机类型 表 6-2

购买动机	特 点
求实	追求商品的使用价值,特别重视商品的质量、功效,不是特别强调商品的造型、款式、象征意义等
求新	追求商品的时尚性、新颖性、奇特性,特别注重商品的外观、造型、色泽、流行性,追求新奇、时髦和与众不同,对陈旧、落后的商品不愿购买
求美	追求商品欣赏价值、艺术价值,特别重视外观、造型、色泽、包装等因素,对商品的实用性、价格不太看重
求廉	追求商品的价格低廉,对价格特别重视,对价格的变化反应格外敏感,喜欢选购处理价、优惠价、特价、折价的商品
求名	追求名牌、高档商品,对商品的商标、品牌特别重视,喜欢选购名牌产品,借以显示或提高自己的身份、地位
求便	追求商品购买和使用过程中的省时、便利,特别重视时间、效率,对商品本身怎么挑剔
模仿	购买商品时模仿他人的购买行为,持模仿动机的消费者,其购买行为受他人影响比较大
好胜	以争强斗胜或为了与他人攀比并胜过他人为目的,顾客行为具有冲动性、偶然性、即景性的特点,带有浓厚的感情色彩
好癖	以满足个人特殊爱好为目的,有些人特别偏爱某一类型的商品。好癖性消费行为一般比较稳定与集中,具有指向性与连续性的特点

(三)顾客购买行为分析

消费者购买行为的类型,最常见的有两种划分依据:一种是根据消费者购买行为的复杂程度和所购产品的差异程度加以划分;另一种是根据消费者的性格进行划分。

1. 根据消费者购买行为的复杂程度和所购产品的差异程度划分

由于顾客类型各异,购买动机各异,导致顾客购买行为也存在复杂性,这就要求销售人员学会对不同需求的顾客进行购买行为分析,有针对性地进行销售推介,才能提升商品推介成功率。顾客购买行为分析见表6-3。

顾客购买行为分析　　　　　　　　表6-3

购买行为	行为分析
复杂的购买行为	汽车商品属于价格昂贵、有风险的商品,消费者在购买时往往会格外谨慎,并且注意现有各品牌或各种商品之间的差别,这就是复杂的购买行为。由于通常情况下购买汽车的消费者不可能熟悉汽车行业或者熟悉汽车构造,因此,当他们在选购汽车之前往往要有个学习、了解商品的过程。若所购买的商品价格越昂贵,占其收入的比例越高,这个学习的过程就越长,越复杂
减少失调(求证型)的购买行为	减少失调的购买行为是指所需购买的是价格昂贵的耐用品,但各种品牌差异不大时顾客常常持有的购买行为。当品牌之间差异很小,但是该类商品的价格又比较高或者风险高的时候,消费者也会在购买时持谨慎态度。此类产品的营销重点是给他们更多的资料、信息,重点介绍产品的用途和特征,证明购买选择的正确性,以减少购后感觉与购前感觉之间的失调
习惯性购买行为	许多产品的购买行为源于习惯,绝大多数食品和日用消费品都属于此类。消费者往往会因为习惯而长期购买某一品牌的产品,但是,它们对该品牌并不了解,也称不上是品牌忠诚者。此类商品的营销活动中,广告和促销都是转移消费者注意力的一种有效手段,尤其以电视广告的影响力最为强烈
寻求品牌(多变型)的购买行为	这是指一些消费者经常改变品牌选择,并且,改变品牌选择并非因为对产品不满意,而是由于市场上有大量可选择的品牌。消费者的好奇心在这种购买行为中起了很大作用

2. 根据消费者的性格进行划分

由于消费者性格各异,导致其购买行为也有所不同,顾客购买行为主要有以下几类,见表6-4。

顾客购买行为类型　　　　　　表6-4

行为类型	特　　点
习惯型	往往热衷于一种或几种品牌,对这些商品十分熟悉、信任,注意力集中,体验深刻,形成习惯。购买时不必挑选和比较,行动迅速,容易重复购买
理智型	在实际购买前,对所要购买的商品,事先经过研究比较,购买者较冷静和慎重,善于控制自己的情绪,不容易受商品包装、商标及宣传的影响
经济型	特别注重价格,唯有廉价品才能给予满足。购买时,价格反应特别敏锐,善于发现别人不易察觉的价格差异。与求廉者相反,也有人喜欢购买高档商品
冲动型	易受产品外观或厂牌名称的刺激。购买时,喜欢追求新产品,从个人兴趣出发,不大讲究商品效用、性能,易受广告的影响
想象型	往往以丰富的联想力来衡量商品的意义。购买时,注意力容易转移,兴趣容易交替,审美感比较灵敏,对商品的外观造型、颜色和名字都较重视
不定型	多属尝试性消费者,心理尺度不稳定。购买时,没有固定的偏爱,一般是奉命购买或顺便购买

(四) 购买过程分析

1. 消费者购买行为的参与者

消费者是购买决策过程中的参与者,按照购买行为参与者所发挥的作用不同,将其区分为以下 5 种不同的角色,见表 6-5。

消费者购买行为的参与者　　　　　表 6-5

角色定位	特征描述
倡议者	购买行为的建议人,首先提出购买某种商品或服务的人。在汽车消费领域,大家庭中子女常常向父母提出倡议
影响者	对倡议者的建议表示支持或反对的人,虽不能对购买行为的本身进行最终决策,但是会对购买决策者产生影响
决策者	在整个购买行为中起着决定性作用的人。在许多购买行为中,主要经济承担者也常担当决策者
购买者	执行具体购买任务的人,会对产品的价格、质量、购买地点进行比较选择,并同卖家进行谈判后成交
使用者	实际消费该产品或服务的人。对于家庭用车消费而言,发起者、影响者、决策者和购买者未必是使用者,当然也有可能均是使用者

2. 消费者的购买程序

一个典型的购买程序如图 6-1 所示,分为 5 个步骤,表现为以下方面。

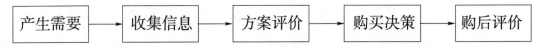

图 6-1　消费者的购买程序

(1)产生需要。消费者在某种生理或心理活动的刺激下,产生相应的需求,当这种需求上升到一定程度后即转化为动机,迫使人们采取相应的行动来获得满足。因此,动机支配着消费者的购买行为。

(2)收集信息。消费者的需求一旦被唤起,同时,他又有满足这个需要的能力,消费者就会转入信息收集阶段。

(3)方案评价。在信息收集过程中,消费者会自然形成一组备选方案,然后再根据所收集的信息加以细分、对比,从而作出选择。

(4)购买决策。通过进行方案评价,消费者可能最终达成的只是在被选择的各品牌之间产生一种偏好。好的评价、较强的动机、感情上的偏爱会形成有利的购买态度。

(5)购后评价。具体包括以下几个方面。

①消费者购买之后的满意度。消费者满意度是产品期望(E)与产品实效(P)之间的函数：

$$P = E \quad （满意）$$
$$P > E \quad （非常满意）$$
$$P < E \quad （非常不满意）$$

②消费者购买之后的相关活动。满意的消费者会成为该产品的免费宣传者，不满意的消费者往往会进行投诉，消费者不满意会采取的方式如图6-2所示。

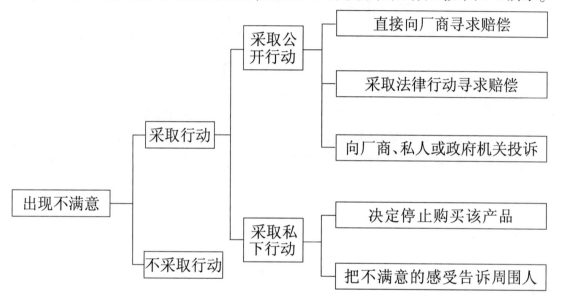

图6-2　消费者不满意会采取的方式

③表6-6是9种心理类型的顾客，他们的表现及销售人员的应对方法。

9种心理类型的购车顾客表现和销售人员应对方法　　表6-6

顾客心理类型	顾客主要表现	销售人员应对方法
随和型	一般随和型顾客性格比较开朗，容易相处，内心防线较弱，对陌生人的戒备心理不是很强	对于性格随和的顾客，销售人员的幽默、风趣会起到意想不到的效果。如果对方赏识你，他们会主动帮你推销。但这一类顾客却有容易忘记自己诺言的缺点

续上表

顾客心理类型	顾客主要表现	销售人员应对方法
内向型	这类顾客生活比较封闭，对外界事物表现冷淡，会和陌生人保持距离，对变化异常敏感，在对待推销上反应不强烈	对于这一类顾客，销售人员给予他们的第一印象将直接影响着他们的购买决策。另外，应对孤僻型顾客时，销售人员应做好必要的辅助工作，给其更多的"自由"，做到话不多，但服务周到而又细心
虚荣型	这类顾客在与人交往时喜欢表现自己，突出自己，不喜欢听别人劝说，任性且嫉妒心较重	针对这一类型的顾客，销售人员应熟悉这类顾客感兴趣的话题，为他们提供发表高见的机会，不要轻易反驳或打断他们的谈话
怀疑型	这类顾客对产品和销售人员的人格都会提出质疑	销售人员在面对怀疑型的顾客时，不要企图以口才取胜，这时也许某些专业数据、专家评论会对销售有所帮助。切记不要在价格上轻易让步，因为价格的让步可能会让顾客对产品产生怀疑，从而使交易破裂
好斗型	这类顾客表现为好胜、顽固，喜欢将自己的想法强加于别人，征服欲强。他们有事必躬亲的习惯，尤其喜欢在细节上与人争个明白	对待这种顾客一定要做好心理准备，准备好被他步步紧逼，必要时丢点面子也许会使事情好办得多。准备足够的数据资料、证明材料将会助销售人员取得成功。再有就是要防止对方提出额外要求，不要给对方突破口

续上表

顾客心理类型	顾客主要表现	销售人员应对方法
顽固型	这类顾客多为老年顾客,是在消费上具有特别偏好的顾客。他们对新的产品往往不乐意接受,不愿意轻易改变的原有的消费模式与结构。他们对销售人员的态度多半不友好	销售人员不要试图在短时间内改变这类顾客,否则容易引起对方强烈的抵触情绪和逆反心理,还是让手中的资料、数据来说服对方比较有把握一些。对这类顾客应该先发制人,不要给他们表示拒绝的机会,因为对方一旦明确表态再让他改变则有些难度了
神经质	这类顾客对外界事物、人物反应异常敏感,且耿耿于怀;他们对自己所做的决策容易反悔;情绪不稳定,易激动	对待这一类顾客,销售人员一定要有耐心,不能急躁,同时言语要谨慎。如果能在推销过程中把握住这类顾客的情绪变动,顺其自然,并且能在合适的时间提出自己的观点,那么成功就会变得容易
刚强型	这类顾客性格坚毅,个性严肃、正直,对待工作尤其认真、严肃,决策谨慎,思维缜密。刚强型顾客也是销售人员工作的难点所在,一旦征服了他们,他们会对你的销售工作大有帮助	总体来说,刚强型顾客不喜欢销售人员随意行动,因此,销售人员在他们面前应守纪律,显示出严谨的工作作风,时间观念尤其要强。这一类顾客初次见面时往往难以接近,如果在出访前获知某人是这一类顾客,最好找一个第三者帮助介绍,这样会有利得多

续上表

顾客心理类型	顾客主要表现	销售人员应对方法
沉默型	这一类顾客在整个销售过程中表现消极,对推销冷淡。这类顾客陷入沉默的原因是多方面的	顾客由于考虑问题过多而陷入沉默,这时不妨给对方一定的时间去思考,然后提一些诱导性的问题试着让对方将疑虑讲出来。顾客如果由于讨厌销售人员而沉默,销售人员这时最好反省一下自己,找出问题的根源,如能当时解决则迅速调整,如问题不易解决则先退让,以备再试成功

二、实训情景设计

顾客来到汽车4S店内,请结合人员促销和本课题所学销售人员应对不同类型顾客的相关知识,分组设计一个汽车销售情景,现场展示(要求每个小组设计的顾客类型均不相同)。

三、检查评价

方案一:教师以知识问答的形式进行提问检查。

请学生回答:根据不同的划分依据,汽车顾客购买行为的特征,每答对一项加5分。

方案二:结合实训情景设计,分组请同学在营销实训室内模拟销售人员接待不同类型顾客的情景,并结合评分表6-7进行相关评分。

顾客接待评分表 表6-7

序号	评分项目	评分标准	分值	得分
1	销售人员职业形象	(1)仪容	10	
		(2)仪表	10	

续上表

序号	评分项目	评分标准	分值	得分
2	销售人员专业素养	(1)是否注意到顾客的情绪	10	
		(2)是否记住顾客的姓氏、称谓	10	
		(3)进入销售主题的时机把握是否准确	10	
		(4)介绍车辆使用专业术语是否适当	10	
		(5)言行是否引起顾客的反感	10	
		(6)顾客提出的疑义是否处理得当	10	
		(7)是否能灵活应对顾客不同的反应	10	
		(8)销售人员最终是否赢得顾客的信任	10	
合计	综合评语：		100	

课题二　顾客开拓的意义和方法

一、顾客开拓的意义和方法

(一)顾客开拓的意义

1. 顾客开拓的概念

顾客开拓工作是销售工作的第一步，通常来讲是业务人员通过市场调查初步了解市场和顾客情况，对有实力和有意向的顾客重点沟通，最终完成目标区域的顾客开发计划。

2.顾客开拓的重要性

(1)对于企业来说,顾客是企业的生存与发展之本,顾客开拓能够为企业带来更大、更多的直接利益。

(2)对于企业销售人员来说,拥有顾客的数量多少和质量高低,直接关系到销售业绩的大小。

(3)漏斗原理:让漏斗上端扩大,增加客源,提高留档客户的量与质;让漏斗变扁缩短成交时间;让漏斗下口扩大,争取更多的成交客户。如图6-3所示。

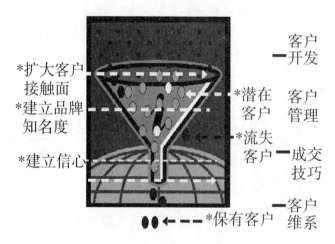

图6-3 漏斗原理

归纳一下,寻找顾客、开拓顾客的主要目的包括:①让企业知道顾客,②让企业走近顾客,③让我们服务顾客,④让顾客实现价值,⑤让顾客知道我们,⑥让顾客走近自己,⑦让顾客喜欢我们,⑧让我们实现赢利。

(二)顾客开拓的方法

1.开发顾客前应思考的问题(表6-8、表6-9)

企业应思考的问题　　　　　　　　　　　表6-8

思考主体	需要思考的问题
企业	平均每月来展厅的顾客数量?每天又有多少?
	这些来店顾客中的成交数量有多少?
	剩余的顾客有没有可能当年买车?几年内买车?会回来买我们的产品的顾客数量又有多少?

续上表

思考主体	需要思考的问题
企业	现在每个销售人员拥有多少顾客资源？保存这些顾客资料的方式是怎样的？
	这些顾客能通过电话进行联系的有多少比例？

营销人员应思考的问题　　表6-9

思考主体	需要思考的问题	
营销人员	谁是我的顾客？	他们何时会买？
	为何顾客会买？	我的竞争者是谁？
	未来顾客在哪里？	谁不是我的顾客？

2. 开发顾客的原则

在寻找潜在客户的过程中，可以参考以下"MAN"原则（表6-10、表6-11）。

顾客购车条件　　表6-10

购车能力	购车决定权	购车需求
M（有）	A（有）	N（有）
▲（无）	★（无）	◆（无）

"MAN"原则　　表6-11

原则	特点
M＋A＋N	有望客户，最理想的销售对象
M＋A＋◆	可以开发，刺激和提升他的需求，配上熟练的销售技术，有成功希望
M＋★＋N	可以开发，找到有决定权的人
▲＋A＋N	可以开发，调查信用，提供融资解决方案
▲＋★＋N	可以开发，应长期观察、培养，使之具备另一条件
▲＋A＋◆	可以开发，应长期观察、培养，使之具备另一条件
M＋★＋◆	可以开发，应长期观察、培养，使之具备另一条件
▲＋★＋◆	非客户，停止接触

3. 开发顾客的具体方法

(1) 缘故开拓法。如图 6-4 所示。

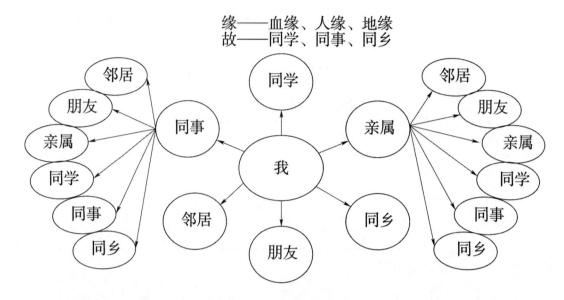

图 6-4 缘故关系

(2) 连锁介绍开拓法。建立口碑,利用他人影响力,持续推荐客户,这是营销人员请求现有的顾客介绍其他有可能购买推销品的准顾客的方法。

(3) 直接拜访开拓法。直接到办公楼或家庭进行登门拜访。

(4) 咨询开拓法。在社区、办公区、商业区等区域摆台咨询。

(5) 随机开拓法。平时生活中(如在公交车上、电梯里、餐厅里)随时关注陌生人,随机应变,主动认识,从而发展成客户。

(6) 信函开拓法。通过信件、电子邮件、短信等形式联络客户,发送一些资讯或期刊、贺卡、慰问信等,引起客户的兴趣。

(7) 资料收集法。平时关注各种新闻、报纸、杂志,搜集企业通讯录等,收集一些单位或个人的信息并及时联络。

(8) 社团开拓法。参加各种社团组织与社会活动,在活动中与不同的人交流,及时交换名片,传递信息,建立良好的人际关系,为顾客开拓打下基础。

(9) 互联网开拓法。在网络高速发展的今天,营销人员可以利用网络来进一步开拓顾客(在聊天室、论坛、各大汽车网站、博客、个人网页、个人网站、QQ 群、MSN 群等平台上寻找潜在客户)。

(10) 大数据分析法。大数据分析指的是在数据密集型环境下,对数据科学的再思考和进行新模式探索的产物,可以帮助企业搜集客户消费数据并对其进行分析,推断出客户的个人偏好、需求等,以进一步预测客户将来的购物行为和需求,从而将相对应的产品信息精准地推送到客户面前,最大限度地挖掘市场机会。它具有 Volume(大量)、Velocity(高速)、Variety(多样)、Value(价值密度)、Veracity(真实性)五大特点。

4. 开发顾客的一般步骤

具体的"扫街"客户开发步骤和流程,如图 6-5 所示。

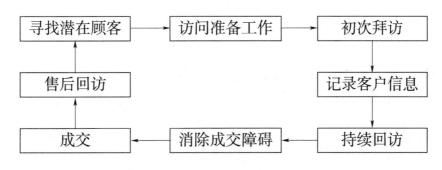

图 6-5　开发顾客的步骤

二、实训情景设计

请结合本课题所学知识,分组设计一个开拓顾客的情景(以直接拜访开拓法和连锁介绍开拓法为例),现场展示。

三、检查评价

方案一:教师以知识问答的形式进行提问检查。

(1)请学生列举出顾客开拓方法及特点,每答对一项加 5 分。

(2)分组结合本课题顾客开拓相关知识,设计实训情景。

方案二:结合实训情景设计,分组请同学在营销实训室内模拟销售人员开拓顾客的情景,并结合表 6-12 进行相关评分。

顾客开拓评分表　　　　表 6-12

序号	评分项目	评分标准	分值	得分
1	开拓准备	(1)营销人员是否已掌握顾客基本信息	10	
		(2)营销人员决定拜访时间是否合适	10	
		(3)营销人员是否做好预约工作	10	

续上表

序号	评分项目	评 分 标 准	分值	得分
2	开拓实施	(1)营销人员用语是否规范	10	
		(2)营销人员是否能有效控制自己情绪	10	
		(3)营销人员是否随意评论顾客的现状	10	
		(4)营销人员是否给顾客过多的压力	10	
3	开拓效果	(1)营销人员是否引起顾客的兴趣	10	
		(2)营销人员是否取得顾客的信任	10	
		(3)营销人员是否成功开发到新的客户	10	
合计	综合评语:		100	

课题三 提升顾客满意度,维持顾客忠诚度

一、提升顾客满意度、维持顾客忠诚度

(一)顾客满意

1. 顾客地位的变化

图6-6 体现了以前和现在供应商和顾客之间的关系。

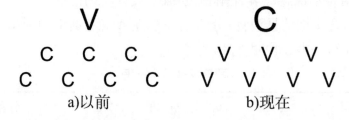

图6-6 供应商和顾客之间的关系(V = 供应商,C = 用户)

2. 顾客满意的含义

(1)顾客让渡价值。顾客让渡价值是顾客总价值与顾客总成本之间的差额。

如图 6-7 所示。

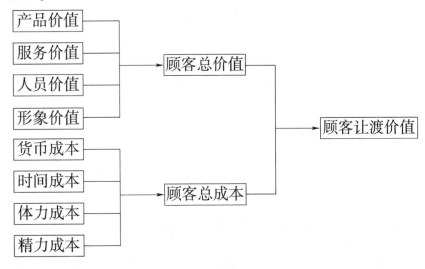

图 6-7　顾客让渡价值

(2) 顾客让渡价值的分析如图 6-8 所示。

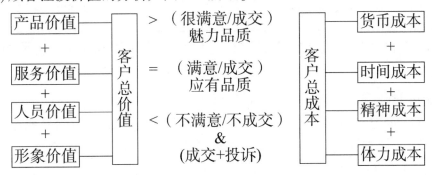

图 6-8　顾客让渡价值分析

(3) 顾客满意。所谓顾客满意是顾客在历次购买活动中形成的对企业或组织所提供产品的一种心理状态,是指顾客对某一产品或服务的事前期待与实绩评价之间相比较之后的一种感觉状态,如图 6-9 所示。顾客满意,往往是价值比较的结果。

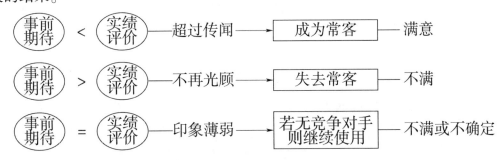

图 6-9　顾客满意

(4)顾客满意的内涵,见表6-13。

顾客满意的内涵　　　　　　　　表6-13

类别	内　涵
产品满意	指企业产品带给顾客的满足状态,包括产品的内在质量、价格、设计、包装、时效等方面的满意。产品的质量满意是构成顾客满意的基础因素
服务满意	指产品售前、售中、售后以及产品生命周期的不同阶段采取的服务措施令顾客满意。这主要是在服务过程的每一个环节上都能设身处地地为顾客着想,做到有利于顾客、方便顾客
社会满意	指顾客在对企业产品和服务的消费过程中所体验到的对社会利益的维护,主要指顾客整体社会满意,它要求企业的经营活动要有利于社会文明进步

(5)顾客满意度。把顾客满意进行量化后就是顾客满意度。所谓顾客满意度是顾客购买产品或服务的实际感受与其期望值相比较的实际程度。它已经是用于评价企业经营业绩的主要指标之一。

(6)顾客满意度分级。顾客满意级度指顾客在消费相应的产品或服务之后,所产生的满足状态等次。心理学家认为情感体验可以按梯级理论进行划分若干层次,相应可以把顾客满意程度分成7个级度或5个级度。

7个级度为:很不满意、不满意、不太满意、一般、较满意、满意和很满意。

5个级度为:很不满意、不满意、一般、满意和很满意。

管理专家根据心理学的梯级理论对7梯级给出了如下参考指标,具体见表6-14所示。

顾客满意度分级　　　　　　　　表6-14

级　度	指　征	分　述
很不满意	愤慨、恼怒、投诉、反宣传	很不满意状态是指顾客在消费了某种商品或服务之后感到愤慨、恼羞成怒,难以容忍,不仅企图找机会投诉,而且还会利用一切机会进行反宣传以发泄心中的不快

续上表

级　度	指　征	分　述
不满意	气愤、烦恼	不满意状态是指顾客在购买或消费某种商品或服务后所产生的气愤、烦恼状态。在这种状态下，顾客尚可勉强忍受，希望通过一定方式进行弥补，在适当的时候，也会进行反宣传，提醒自己的亲朋不要去购买同样的商品或服务
不太满意	抱怨、遗憾	不太满意状态是指顾客在购买或消费某种商品或服务后所产生的抱怨、遗憾状态。在这种状态下，顾客虽心存不满，但想到现实如此，勉强接受
一般	无明显正、负情绪	一般状态是指顾客在消费某种商品或服务过程中所形成的没有明显情绪的状态。也就是对此既说不上好，也说不上差，还算过得去
较满意	好感、肯定、赞许	较满意状态是指顾客在消费某种商品或服务时所形成的好感、肯定和赞许状态。在这种状态下，顾客内心还算满意，但比更高要求还差之甚远，而与一些更差的情况相比，又令人安慰
满意	称心、赞扬、愉快	满意状态是指顾客在消费了某种商品或服务时产生的称心、赞扬和愉快状态。在这种状态下，顾客不仅对自己的选择予以肯定，还会乐于向亲朋推荐，自己的期望与现实基本相符，找不出大的遗憾所在

续上表

级 度	指 征	分 述
很满意	激动、满足、感谢	很满意状态是指顾客在消费某种商品或服务之后形成的激动、满足、感谢状态。在这种状态下,顾客的期望不仅完全达到,没有任何遗憾,而且可能还大大超出了自己的期望。这时顾客不仅为自己的选择而自豪,还会利用一切机会向亲朋宣传、介绍推荐,希望他人都来消费

3. 提升顾客满意的意义

(1) 我们需要直面的市场环境,如图6-10所示。

图 6-10 现实市场环境

(2) 提升顾客满意的意义。

① 90%的消费者在不满意时,不会再来消费。

② 维持一个老客户的成本是开发一个新客户的1/5。

③ 来自美国的数据:如果每年有25%的客户流失,4年后这个企业就不复存在。

④ 假如开发新客户的费用是100,维持及继续发展客户的费用是17。

⑤ 来自IBM的数据:产品没有出现问题的客户再购入率是84%,产品出现问题处理令客户满意的客户再购入率是92%,产品出现问题处理不当的客户再购入率是46%。

4. 提升顾客满意的重要性

实现客户满意的路线图和方法分别如图 6-11 和表 6-15 所示。提升顾客满意的重要性见表 6-16。

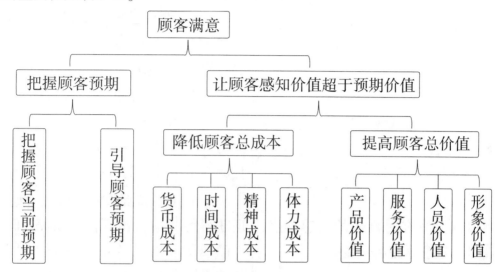

图 6-11 实现客户满意路线图

实现客户满意的方法 表 6-15

方法	分析
把握客户预期	调研分析把握顾客当前预期,通过留有余地的承诺和宣传,运用文化、理念、宗旨、制度、规则、价格、包装、环境等有形展示引导顾客合理预期
让顾客感知价值超越顾客预期	提高产品价值、服务价值、人员价值、形象价值,降低货币成本、时间成本、精神成本、体力成本

提升顾客满意的重要性 表 6-16

顾客满意的重要性	分析
可以提高企业的市场份额,增加企业的收入	顾客的满意程度将直接影响他们重复购买时的消费选择,影响企业的口碑效应,从而影响着企业的市场份额大小

续上表

顾客满意的重要性	分　析
能够降低企业的成本支出	满意的顾客在对企业产品进行重复购买时,企业的销售人员可以减少与顾客的交易成本(如减少沟通所花费的时间)
是保证顾客忠诚和创造长期卓越经济效益的关键	满意的顾客可能会变成忠诚的顾客,顾客越忠诚,越是倾向于向同一企业购买产品或服务,通过顾客满意保住顾客是最积极的方法
可以减少顾客对价格的敏感程度,提高对质量事故的承受能力	满意的顾客通常倾向于愿意为他们所获得的利益付出更高的价格,即使产品或服务出现事故,满意的顾客也能予以更多的理解
对于汽车服务顾问来说,顾客满意意味着工作能力的肯定,相关业绩的提升	满意的顾客会免费为汽车服务顾问进行宣传,那么汽车服务顾问的业绩自然会不断提升

(二)顾客忠诚

1. 顾客忠诚的概念

所谓顾客忠诚,是指顾客在满意的基础上,进一步对某品牌或企业作出长期购买的行为,是顾客一种意识和行为的结合。顾客忠诚的具体表现见表6-17。

顾客忠诚的表现　　表6-17

序　号	具体表现
表现一	持续购买公司的产品或服务
表现二	购买期望的系列产品或服务
表现三	使用产品并且不断地协助公司进行免费的宣传
表现四	对竞争者的产品或服务具有免疫性
表现五	发现忠诚的品牌有缺陷,能主动向企业反馈信息,求得解决,而且不影响再次购买

2. 顾客忠诚度

顾客忠诚度是指顾客忠诚于企业的程度,是一个量化概念。一般可运用三个主要指标来衡量顾客忠诚度,这三个指标分别是:

(1)整体的顾客满意度。可分为很满意、比较满意、满意、不满意、很不满意。

(2)重复购买的概率。可分为70%以上,30%~70%、30%以下。

(3)推荐给他人的可能性。可分为很大可能、有可能、不可能。

3. 顾客满意与顾客忠诚的关系(表6-18)

顾客满意与顾客忠诚的关系　　　　表6-18

关　系	分　析
顾客满意不等于顾客忠诚,顾客满意度的增加并不代表着顾客忠诚度也在增加	美国贝恩公司的调查(1993年)表明,在声称对公司产品的满意甚至十分满意的顾客中,有65%~85%的顾客会转向其他公司的产品。其中,汽车业85%~90%满意的客户中,再次购买的比例只有30%~40%
	只有当顾客感知服务质量优异,顾客非常满意的情况下,顾客才能再次消费,并保持忠诚。因为有些顾客满意水平尽管较高,但并不一定再次接受企业的产品或服务,也没有向家人、朋友或他人推荐所接受服务的愿望。只有当顾客满意水平非常高时,顾客忠诚现象才会出现,良好的口碑效应也才得以产生

4. 顾客忠诚度的重要性

真正的顾客忠诚度是一种行为,而顾客满意度只是一种态度。根据统计,当企业挽留顾客的比例增加5%时,获利便可提升25%~100%。许多学者更是直接表示,忠诚的顾客将是企业竞争优势的主要来源。

研究表明,企业经营的大部分情况下,顾客的利润预期与其停留的时间成正比。失去一个成熟的顾客与争取到一个新顾客,在经济效益上是截然不同的。哈佛大学学者以美国市场为研究标的,发现在汽车服务业,流失一位老顾客所产生的利润空洞起码要三位新客户才能填满。同时,由于与老客户之间的熟悉、信任等原因使得服务一个新顾客的成本和精力要比服务一个老客户大得多。由此可见,保有忠诚度的顾客对企业经营者来说,是相当重要的任务。

(三)维持顾客忠诚度的方法

1. 提升顾客满意水平

提升顾客满意水平的方法很多,包括:①增加产品价值;②提高服务质量;③提高人员价值;④提高形象价值;⑤降低货币成本;⑥降低时间成本;⑦降低精力成本;⑧降低体力成本。

2. 正确处理顾客的抱怨及投诉

(1)顾客抱怨、投诉处理的原则,包括:①先处理心情再处理事情;②不回避,第一时间处理;③了解顾客的背景;④找出原因,界定控制范围;⑤取得授权;⑥上级参与,团队行动;⑦寻求双方认可的处理范围;⑧不作过度承诺;⑨交换条件;⑩必要时坚持原则。

(2)顾客抱怨、投诉处理的步骤,见表6-19。

顾客抱怨、投诉处理的步骤　　　　　表6-19

步　　骤	做　　法
步骤一:倾听	诚恳关怀,相助之情;发挥耐心,听出重点
步骤二:分担	感受分担客户焦虑与不安;运用感受"感觉"发觉话术
步骤三:请教	以询问问题方式请教客户;评估研判找出问题症结
步骤四:确认	客户方面确认;我方确认
步骤五:行动	具体行动方案提出;遵守承诺不打折扣
步骤六:满意	查核并防止再发生;确认客户满意

(3)顾客抱怨、投诉处理过程中的禁忌,见表6-20。

顾客抱怨、投诉处理过程中的禁忌　　　　　表6-20

禁忌行为与语言	正　确　方　法
立刻与顾客讲道理	先听,后讲
急于得出结论	先解释,不要直接得出结论
一味地道歉	道歉不是办法,解决问题是关键

续上表

禁忌行为与语言	正 确 方 法
言行不一,缺乏诚意	说到做到
这是常有的事	不要让顾客认为这是普遍性问题
你要知道,一分钱,一分货	无论什么样的顾客,我们都提供同样优质的服务
绝对不可能	不要用如此武断的口气
这个我们不清楚,你去问别人吧	为了您能够得到更准确的答复,我帮您联系××来处理好吗?
这个不是我们负责的,你问别的部门吧	
公司的规定就是这样的	为了您车辆的良好使用,公司制定了这样的规则
信息沟通不及时	及时沟通信息
随意答复顾客	确认了准确信息后再回复顾客

(4)投诉的预防。常见的预防措施有以下4项:

①销售服务工作力争标准化并落实到位;

②设立预防投诉的措施和机制;

③落实客户关怀体系;

④提升服务人员的能力和态度。

3.做好顾客关系管理

(1)顾客关系管理的概念。客户关系管理的核心思想是:客户是企业的一项重要资产,客户关怀是 CRM 的中心,客户关怀的目的是与所选客户建立长期和有效的业务关系,在与客户的每一个"接触点"上都更加接近客户、了解客户,最大限度地增加利润和利润占有率。顾客关系管理流程图如图6-12所示。

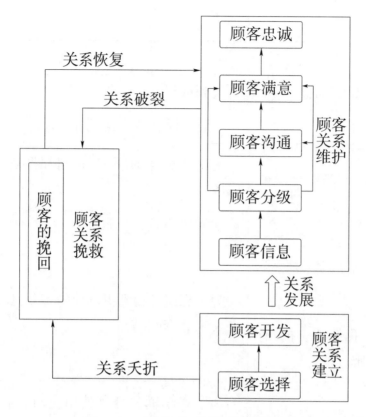

图 6-12 顾客关系管理流程图

(2) 顾客关系管理的主要内容。

①判断顾客是一次性顾客、间或顾客还是经常性顾客;

②了解顾客购买产品或服务的最终目的何在,顾客之所以购买是因为看重产品或服务的那些方面;

③了解顾客对于购买产品或服务使用后的真实感受;

④评估顾客对于公司的现实价值与潜在价值;

⑤掌握与顾客有效沟通的方式方法;

⑥确保对顾客关系管理中的重要内容进行及时更新。

(3) 顾客关系管理的意义。谁维系住了顾客关系,谁就维系了财富。满意只是起步和标准,感动才是水平和能力,顾客忠诚是汽车企业顾客关系管理追求的目的。顾客关系管理要使客户从满意到感动,从感动到忠诚。

顾客关系管理要尽可能做到要求全员、全过程、全方位让全体顾客得到全面满意。让顾客看车、买车、用车、修车、换车、等车的各个环节体验到拥有汽车的喜悦;使经销商实现销售、服务与维系的无缝连接;从而达到客户、经销商与汽车厂家的满意。

二、实训情景设计

请结合本课题所学知识,分组设计处理顾客投诉(发生车祸,驾驶人手臂骨折,但安全气囊没有打开)的情景,现场展示。

三、检查评价

方案一:教师以知识问答的形式进行提问检查。

(1)请学生列举出顾客满意、顾客满意度、顾客忠诚、顾客忠诚度等的概念,每答对一项加5分。

(2)分组结合本课题提高顾客满意度的相关知识,设计实训情景。

方案二:结合实训情景设计,分组请同学在实训间模拟营销人员处理顾客投诉(发生车祸,驾驶人手臂骨折,但安全气囊没有打开)的情景,并结合评分表6-21进行相关评分。

处理顾客投诉评分表　　　　　　　　　　表6-21

序号	评分项目	评分标准	分值	得分
1	顾客接待	(1)营销人员是否主动迎接前来投诉的顾客	10	
		(2)营销人员是否在第一时间安抚顾客	10	
2	处理过程	(1)营销人员是否认真倾听顾客的抱怨	10	
		(2)营销人员是否回避顾客提出的问题	10	
		(3)营销人员是否与顾客一起寻找原因	10	
		(4)营销人员是否提出合理的解决方案	10	
		(5)营销人员是否向投诉顾客作出承诺	10	

续上表

序号	评分项目	评分标准	分值	得分
3	最终效果	(1) 处理投诉的力度和速度是否到位	10	
		(2) 营销人员的承诺是否打了折扣	10	
		(3) 最终投诉的顾客是否感到满意	10	
合计	综合评语:		100	

课题四　汽车市场调查

一、汽车市场调查

(一) 汽车市场调查的概念

市场调查,就是运用科学的方法,通过各种途径、手段,有目的、有计划地系统而客观地收集、记录、整理与分析有关市场营销的现状和历史资料,预测其发展趋势,为企业营销决策和管理提出方案或建议,为企业决策者进行科学决策提供依据的活动。

(二) 汽车市场调查的意义和作用

汽车市场调查的作用,见表6-22。

汽车市场调查的作用　　　　表6-22

序　号	作　用
1	市场调研是了解消费者需求的有效方法
2	市场调研是企业进行市场预测和决策的前提
3	市场调研是企业正确制订市场营销策略的保证

(三)汽车市场调查的主要内容

汽车市场调查的内容贯穿于营销活动的整个过程,主要体现在5个方面,见表6-23。

汽车市场调查的内容　　　　　表6-23

调查项目	具体内容
汽车市场环境调查	主要是对汽车市场的宏观环境、微观环境因素进行调查,包括政治法律环境调查、经济环境调查、科技环境调查
汽车市场需求调查	主要针对汽车消费者所做的调查,主要包括市场容量调查、市场需求影响因素调查、购买动机调查、购买行为调查等
汽车产品调查	主要包括汽车新产品设计、开发和试销,对现有的汽车产品进行改良,对目标消费者在汽车产品的性能、质量、造型等方面进行预测
汽车市场营销因素调查	主要包括汽车产品的调查、汽车销售价格调查、汽车销售渠道调查、汽车促销活动调查等
汽车市场竞争情况调查	主要对竞争对手的营销组合、产品的市场占有率和企业的综合实力进行调查,以了解竞争对手的情况,做到"知己知彼,百战不殆"

(四)汽车市场调查的步骤

汽车市场调查一般可分为调查准备、调查实施、调查总结三个阶段,又可以分为以下这些具体步骤,如图6-13所示。

图6-13　汽车市场调查的步骤

(五)汽车市场调查的方法

市场调查的方式可分为直接资料调查法和间接资料调查法两种,又称第一手资料调查和第二手资料调查。两种调查方法的优缺点见表6-24。

第一手资料调查和第二手资料调查的比较　　　　表6-24

调查方式	优　点	缺　点
第一手资料调查	针对性强	时间长,成本费用高,对调查人员的能力要求高
第二手资料调查	方法简便、快捷、节省时间、调查成本低	资料适用性不强,可能与调查目的有差距;资料的真实性和可靠性需进一步审查和评估,有错误的可能性,要注意资料的来源

1. 第二手资料的来源(表6-25)

企业外部资料的来源　　　　表6-25

序　号	来　　源
1	政府部门的定期出版物。如各种统计年鉴、统计报告、调查报告等
2	各类报纸和专业刊物
3	各行业协会的报告和定期出版物
4	专业的市场咨询公司的研究报告
5	互联网也是个巨大的信息库

2. 第一手资料的搜集方法

(1)询问法。询问法是调查人员向被调查人员询问,根据被调查人员的回答来搜集信息资料的方法。表6-26列举了5种询问调查方式的优缺点。

5 种具体的询问调查方式的比较　　　　　表 6-26

调查方式	面谈法	电话法	信函法	留置法	日记法
调查范围	较窄	较窄	广	较广	较广
调查对象	可控可选	可控可选	一般	可控可选	可控可选
影响回答的因素	能了解控制和判断	无法了解控制和判断	难了解控制和判断	能了解控制和判断	能了解控制和判断
回收率	高	较高	较低	较高	较高
回答速度	可快可慢	最快	慢	较慢	慢
回答质量	较高	高	较低	较高	较高
平均费用	最高	低	较低	一般	一般

（2）观察法。这是一调查人员通过直接到调查现场观察和记录被调查者的言行从而取得第一手资料的方法，也可安装照相机、摄影机、录音机等进行拍摄和录音。

（3）实验法。实验法是指从影响调查问题的众多因素中选出一个或两个因素，将它们置于一定条件下，进行小规模的实验，然后对实验结果作出分析判断，进行决策。

（4）抽样调查法。抽样调查法介于普遍调查法和典型调查法之间，是市场调查中经常采用的方法。

（六）汽车市场调查问卷的设计

1.调查表设计的原则（表6-27）

调查表设计的原则　　　　　表 6-27

序　号	设 计 原 则
1	得到被访问人的合作和关心
2	利于双方交谈
3	便于被访问人构思答案
4	防止偏见

续上表

序　号	设　计　原　则
5	使被调查人回答方便
6	提出问题的语气要自然,有礼貌还要有趣味,有一定的吸引力,易懂易记
7	便于数据处理

2. 不应采用的问题(表6-28)

不应采用的问题　　　　　　　　　　　　　　表6-28

序　号	不应采用的问题
1	您每月的收入是多少？（涉及隐私）
2	您每月的支出是如何分配的？（问题太抽象!）
3	您是经常到这家商店来吗？（"经常"的含义是什么?）
4	您喜欢这家企业吗？（回答是否真诚?）
5	上星期看到我们的广告几次？（人们无法准确记住）
6	您对我们的商品结构是否满意？（根据什么评价?）
7	您是否赞成这种"削价倾销"的做法？（用词带有明显的倾向性）

3. 封闭式问卷(表6-29)

封闭式问卷的特点　　　　　　　　　　　　　表6-29

序　号	特　　点
1	是非法(是与否)
2	多项选择(三个以上答案供选择)
3	李克特量表(在坚决同意和坚决不同意间选择)
4	语义级差(在最好和最差之间选择)
5	重要量表(在最重要和最不重要之间选择)

4. 开放式问卷(表6-30)

开放式问卷的特点　　　　　　　　　表6-30

序　号	特　点
1	自由格式(无任何引导、暗示或限制)
2	填充式(在部完整的语句中填入有关内容)
3	联想式(对于给定的词汇、情节等进行联想)
4	图示式(给予一幅图画,增添内容或进行联想)

调查问卷范例

尊敬的女士/先生:

您好! 欢迎您填写这份调查问卷。我们×××公司针对×××汽车品牌进行调研,请将您真实的情况和想法提供给我们。本问卷答案无所谓对错,您的回答将按国家统计法予以保密。

占用您的时间,向您表示衷心的感谢,同时送上一份小礼品。请您在相应的空格内打"√"。

1. 您的性别是:
   □男　　　　□女

2. 您的年龄是:
   □18~22岁　□22~30岁　□30~40岁　□40~50岁　□50岁以上

3. 您的最高学历是:
   □初中级以下　　□高中　　□中专　　□本科　　□研究生及以上

4. 您的职业状况是:
   □机关事业单位人员　　□三资、合资、私营、民营企业人员
   □个体经营者　　□教师、律师、科研人员　　□自由职业者
   □在校大学生　　□其他

5. 您现在是否已有汽车:
   □有　　　　□没有

6. 如果买车,您会选择哪种车?
   □轿车　　　□越野车　　　□商务车　　　□其他

7. 请问您有几年驾龄?

　　　　□正在考驾照　　　□1年　　　□3~5年　　　□5年以上
8. 您所能承受的汽车价位在：
　　　□3万~5万元　□5万~10万元　□10万元左右　□10万~15万元
　　　□15万元以上
9. 您在购车时关注的车辆信息是：
　　　□安全性　　□经济性　　□环保性　　□性价比　　□舒适性
10. 影响您购车的因素是：
　　　□造型　　□油耗　　□品牌　　□价格　　□性能　　□其他
11. 您通过何种途径了解到我们×××汽车的信息：
　　　□报纸　　□电视　　□广播　　□广告　　□展销会　　□网络
　　　□朋友介绍
12. 您购买汽车最看重的因素是：
　　　□价格　　□品牌　　□性能　　□外观　　□内部空间　　□售后服务
　　　□配置
13. 您最喜欢的汽车颜色：
　　　□红　　　□蓝　　　□黑　　　□白　　　□银　　　□墨绿
　　　□浅黄　　□金色　　□浅绿　　□其他
14. 您中意的车厢类型是：
　　　□两厢　　　□三厢
15. 您喜欢的挡位操作类型是：
　　　□手动挡　　□自动挡　　□手自一体
16. 您购车时是否会考虑天窗？
　　　□考虑　　　□不考虑　　□无所谓
17. 您最担心购车后出现什么问题？
　　　□车辆质量　　□售后服务　　□安全性　　□其他
18. 您知道我们4S店的地址吗？
　　　□知道　　　□不知道
19. 您买家用轿车时候是因为：
　　　□经济条件允许　　□自己开着玩,个人喜好　　□上下班驾驶,代步工具
　　　□气派,赶时髦　　□周围邻居或熟人都有　　□为了旅游,出行方便
　　　□其他(具体写出)
20. 您所知道的家用轿车品牌有哪些？

☐威驰　　☐捷达　　☐锐志　　☐卡罗拉　　☐别克
☐飞度　　☐普锐斯　☐其他

21. 您一般会在什么情况下换车？
　　☐车辆报废　☐经济条件允许　☐看个人兴趣　☐有合适的新车型

22. 您目前开的这款车性能如何？
　　☐很好　☐较好　☐好　☐一般　☐差

23. 您在选择购车地点时，首要因素是：
　　☐离家近　☐价格最低　☐服务质量高　☐有实力的
　　☐有熟人的销售企业　　☐其他

24. 你喜欢的付款方式是：
　　☐现金　☐转账支票　☐分期付款　☐消费信贷

25. 您认为应该从何种渠道做广告效果最好？
　　☐电视　☐报纸　☐电台　☐专业杂志　☐网络　☐其他

26. 您进行汽车维护时，首先考虑的是：
　　☐技术水平　☐服务质量　☐维护设备　☐交通便利　☐其他

27. 您认为售后服务还需在哪些方面改进？
　　☐技术　☐服务质量　☐环境设施　☐配件价格　☐其他

28. 您认为哪种销售人员值得信赖？
　　☐稳重　☐灵活　☐专业　☐能言善辩　☐其他

29. 您是从何种渠道知道我公司的？
　　☐电视广告　☐报刊　☐熟人介绍　☐网络　☐其他途径

30. 您对我公司提供的服务满意吗？
　　☐很满意　☐满意　☐一般　☐不满意　☐不知道

谢谢您的合作。祝您全家愉快。再次谢谢！

二、实训情景设计

请结合本课题所学知识，分组设计一份汽车调查问卷，并在本班同学、本校老师之间进行预调查，将调查结果在课堂上展示。

三、检查评价

方案一：教师以知识问答的形式进行提问检查。

(1) 请学生列举出各种市场调查方法的优缺点，每答对一项加5分。

(2)分组结合本课题有效进行汽车市场调查的相关知识,设计实训情景。

方案二:结合实训情景设计,分组请同学把预调查的结果展示出来,从中发现问卷可能存在的问题和不足,加以改进,并结合评分表6-31进行评分。

调查问卷评分表　　　　　　　　　　　　　表6-31

序号	评分项目	评分标准	分值	得分
1	调查问卷设计内容	(1)问卷设计时是否含有致谢语	10	
		(2)设计的调查问卷重点是否突出	10	
		(3)设计的问题是否比较容易被接受	10	
		(4)设计的问题是否比较方便回答	10	
		(5)调查问卷中是否涉及被调查者隐私	10	
		(6)问卷中是否使用了大量的专业术语	10	
		(7)问卷题目是否符合被调查者的身份	10	
		(8)答完整个调查问卷耗时是否过长	10	
2	调查实施	预调查实施是否顺利	10	
3	调查结果	调查的最后结果有效性如何	10	
合计	综合评语:		100	

项目七　汽车销售信贷

项目描述

汽车销售人员除了要具备相关的专业知识外,工作中还必须遵循一定的标准和规则。本项目所包含的主要内容是汽车销售人员在汽车销售信贷工作过程中,需要遵循的工作流程、工作规范和要求,应熟练掌握,灵活运用。

该项目重在流程及操作技巧的灵活应用,主要考查汽车销售人员在办理信贷工作业务时如何对汽车消费信贷风险进行评估、如何进行汽车消费信贷业务操作流程,如何对顾客作出解释和说明。

知识目标

(1) 能说出我国汽车消费信贷的含义及主要模式;
(2) 熟知汽车消费信贷申请的条件和所需的资料;
(3) 知道汽车消费信贷的风险形成的原因。

技能目标

(1) 能运用汽车消费信贷的业务流程及操作技巧,向客户推广汽车消费信贷业务并能作出解释和说明;
(2) 能够对汽车消费信贷风险进行判定并在信贷的工作中应用。

素养目标

(1) 增强团队协作意识;
(2) 培养与人沟通能力;
(3) 培养自动化办公设备运用、信息库应用能力。

建议课时

12课时。

课题一　汽车消费信贷实行的前提和途径

一、汽车消费信贷概述

汽车消费信贷是消费信贷的一种形式。消费信贷是由零售商、金融机构等贷款提供者向消费者提供资金,用以满足消费者需求的一种信贷方式。消费信贷的贷款对象是个人。

所谓汽车消费信贷,即对申请购买轿车的借款人发放的人民币担保贷款,是银行与汽车销售商向购车者一次性支付车款所需的资金提供担保贷款,并联合保险公司、公证机构为购车者提供保险和公证。我们常说的汽车按揭业务指的就是为消费者提供汽车消费信贷业务。

(一) 汽车消费信贷业务的模式

目前,在我国提供汽车贷款业务的服务主体主要有商业银行、汽车经销商和非银行金融机构三类。经营模式有"直客模式"和"间客模式",见表7-1。

汽车消费信贷的经营模式　　　　表7-1

经营模式	信贷方组成	经营模式特点
以银行为主体的直客模式	由银行、专业资信调查公司、保险公司和汽车经销商四方组成	(1)由银行直接面对消费者,完成资信调查,评定合格后,银行与客户签订贷款协议,客户拿贷款额度到汽车市场上选车。 (2)银行是中心,银行指定征信机构出具客户的资信报告,银行指定保险公司并要求客户购买其保证保险,银行指定经销商销售汽车。风险由银行和保险公司共同承担
以汽车经销商为主体的间客模式	由银行、保险公司和汽车经销商三方组成	(1)以汽车经销商为主体,负责对贷款购车人进行资信调查和信用管理,保险公司提供保证保险,经销商负连带保证责任,风险由经销商和保险公司共同承担。

续上表

经营模式	信贷方组成	经营模式特点
以汽车经销商为主体的间客模式	由银行、保险公司和汽车经销商三方组成	(2)此模式一方面给消费者带来较大便利和可以享受经销商提供的一站式服务,另一方面也给消费者带来较大负担,消费者除承担银行利息外,还承担保险公司保证保险、经销商服务费等各项支出
以汽车金融公司或财务公司为主体的间客模式	由汽车金融公司或财务公司非金融企业法人组成	(1)汽车金融公司或财务公司是非银行金融机构,而不是一般的汽车类企业,它专门从事汽车贷款业务,服务对象限定为汽车购买者和销售者。 (2)汽车金融公司或财务公司多为大汽车集团全资公司,具有快速便捷的贷款手续,购车者只需在经销商处就可办理个人资料的审核、贷款手续和最终的车辆挑选,享受到一站式服务,大汽车集团(汽车制造商)也会出于刺激消费的考虑推出低息,甚至零利率,从而大大降低了消费者在办理贷款时各项环节的费用支出。 (3)专业的汽车金融公司针对汽车消费的特点,开发出专门个人的信用风险评估模型、抵押登记管理系统、催收系统、不良债权处理系统等,有效地防范信用风险,对于经销商来说,不仅提供了汽车消费贷款业务,而且业务和风险由其承担

(二)汽车消费信贷业务的参与者及其职责

汽车消费信贷业务的参与者及其职责,见表7-2。

汽车消费信贷业务的参与者及其职责　　　　表7-2

参　与　者	工作职责和具体的要求
授信机构	负责提供汽车消费信贷所需资金；负责对贷款客户的资格终审；负责贷款购车本息的核算；负责监督、催促客户按期还款；负责汽车消费信贷的宣传工作
汽车经销商	负责车辆资源的组织、提运和保管；负责客户购车的咨询、资料收集及车辆销售工作；负责上门复审，办理有关购车手续及银行、保险、公证等部门工作的协调；负责客户挑选车辆、上牌及跟踪服务；负责对档案资料的登记、分类、整理、保管及提供客户分期付款信息；收款、开票，办理银行、税务业务，设计财务流程及车辆销售核算；为购车人提供所购车辆的各类保险服务
保险公司	为客户所购车辆办理各类保险；为贷款购车客户按期还款做信用保险；及时处理保险责任范围内的各项理赔
汽车制造厂家	不间断提供汽车分期付款资源支持；给经销商提供展示车、周转车的支持；给经销其产品的经销商提供广告商务支持；给销售达一定批量的经销商提供返利支持；负责车辆的质量问题及售后维修服务
公证部门	对客户提供文件资料合法性及真伪进行鉴证；对运行过程中所有新起草的合同协议从法律角度把关；对客户讲明其利害关系
公安部门	对有关客户提供有效证明文件；对骗购案件进行侦破；快速办理车辆过户有关手续；做到车辆在车款未付清前不能过户

(三)汽车消费信贷的还款方式

1. 等额本息法和等额本金法

(1)等额本息还款法是借款人每月以相等的金额偿还贷款本金和利息,偿还初期利息支付最大,本金少,以后随着每月支付利息的逐步减少,归还本金逐步增大。

(2)等额本金还款法是借款人每月还款的本金数额是一样的。由于每个月的本金还款额是固定的,利息随本金是逐月递减速的,因此,等额本金还款每个月的还款额是不一样的。开始每月还的多,以后逐月递减。

2. 按月还款和按季还款

按月还款法是以月为单位分割还款期,按季还款法则是以每个季度为一个还款期。

3. 递增法和递减法

递增法和递减法指向的是每个还款年度的还款趋势。由此以可组合成:按月等额本息年度递增法、按月等额本息年度递减法、按月等额本金年度递增法、按月等额本金年度递减法、按季等额本息年度递增法、按季等额本息年度递减法、按季等额本金年度递增法、按季等额本金年度递减法等8种还款方式。

二、实训情景设计

(1)参观模拟的汽车信贷实训场所,让学生感受工作环境。
(2)运用本课题所学汽车消费信贷的知识,设计一个情景,学生分组现场演练。

三、检查评价

方案一:教师以知识问答的形式进行提问检查,以检查学生理解掌握情况。
方案二:结合实训情景设计,各小组推荐代表进行表演展示,其他小组结合表7-3,进行评分。

汽车消费信贷经营模式对比评分表　　　　表7-3

序号	评分项目	评分标准	分值	得分
1	汽车消费信贷概念	要点叙述准确、全面、流利	10	

续上表

序号	评分项目	评分标准	分值	得分
2	汽车消费信贷的主体	要点叙述准确、全面、流利	20	
3	汽车消费信贷的经营模式	要点叙述准确、全面、流利	10	
4	汽车消费信贷三种经营模式的信贷方的组成、主要经营特点	要点叙述准确、全面、流利	60	
合计	综合评语：		100	

课题二 商业银行汽车消费信贷应具备的条件及有关规定

汽车销售人员要掌握一定的消费信贷知识才能更好回答顾客提出的各种问题,当好顾客的"参谋",消除顾客的各种疑虑,促进交易成功。

一、汽车消费信贷应具备的条件

(一)汽车消费信贷的贷款对象

具有完全民事行为能力,年龄原则上在18～65周岁的自然人,在本地有固定住所,具有稳定合法收入,在经办行开立个人账户,已支付本办法规定的首期付款。

同时符合以下条件之一者：
(1)职业稳定、收入较高的国家公务员和参照公务员标准管理的人员；
(2)金融、能源、邮电、水电、烟草、通信、交通、卫生、教育等部门的正式员工；
(3)在中介机构任职的律师、会计师、审计师、评估师等人员；
(4)经营状况良好并有一定规模的企业中层以上管理人员；
(5)经济实力较强的私营业主；

(6) 已使用过银行个人住房等消费贷款产品,月还款额在 2000 元以上,无任何不良记录的客户。

(二) 基本计算

借款人申请个人汽车按揭贷款,其所有债务支出与收入比不得超过 55%。

$$\text{所有债务支出与收入比} = \frac{\text{本次贷款的月还款额} + \text{其他债务月均偿付额}}{\text{月均收入}}$$

公式中所称收入为申请人自身的可支配收入。可将申请人配偶的收入计算在内,但应征得申请人配偶的同意并调查核实,同时对于将配偶收入计算在内的贷款,也应把配偶的债务一并计入。

(三) 基本规定

所购车辆须在当地县市公安局车辆管理部门办理上牌及抵押登记手续,不得异地办理。

二、汽车消费信贷的额度、期限和利率

(一) 汽车消费信贷的贷款额度

贷款额度不得超过借款人所购汽车实际成交价格(不含各类附加税、费及保费等)或汽车生产商公布价格(两者以低者为准)的 70%。

(二) 汽车消费信贷的贷款期限

个人汽车按揭贷款期限一般不超过 3 年。

(三) 汽车消费信贷的贷款利率

个人汽车按揭贷款利率按照中国人民银行规定的贷款基准利率以上执行。贷款期限在 1 年以内(含)的实行合同利率,遇法定利率不调整,不分段计息。贷款期限在 1 年以上的个人汽车按揭贷款,遇法定利率调整,于下年初开始,按相应利率档次执行新的利率。

三、汽车消费信贷的贷款方式

(一) 车辆抵押加汽车经销商担保贷款方式

车辆抵押加汽车经销商担保贷款方式是指借款人以所购买车辆作抵押,并

由汽车经销商承担连带保证担保责任的贷款方式。

1. 担保经销商的条件

(1) 经过工商部门办理年检手续;

(2) 具备合法的汽车销售资格,一定的汽车市场销售网络,并具有良好的信誉和经营效果;

(3) 在经办行开立基本账户或一般结算账户,并在经办行开立保证金专户;

(4) 注册资本金原则上在 500 万元(含)以上,资产负债率原则上在 70% 以下;

(5) 符合经办行对担保企业的其他要求。

2. 担保额度

担保额度一般不超过其净资产减已对外担保额,最高不超过总资产 – 无形资产 – 对外担保额 – 已作抵押额 – 待处理资产损失。

3. 保证金

经销商应按不低于担保额 10% 的比例存入保证金,出现不足的要及时补缴,确保保证金余额能弥补贷款风险损失。确因业务发展需要的,经总行审核可适当降低其保证金比例,但原则上不低于 5%。

(二) 车辆抵押加担保公司担保贷款方式

车辆抵押加担保公司担保贷款方式是指借款人以所购买车辆作抵押,并由专业担保公司承担连带保证担保责任的贷款方式。

1. 担保公司的条件

(1) 经过工商部门办理年检手续,具有担保业务经营资格;

(2) 信用等级 AA 级(含)以上;

(3) 注册资本金在 1000 万元(含)以上;

(4) 具有专业管理队伍和良好的管理制度;

(5) 在相关行开立基本账户或一般账户。

(6) 担保额度一般不超过其净资产的 3 倍,最高不超过其净资产的 5 倍。

(7) 担保公司必须在经办行开立保证金专户,按照不低于担保额度 10% 的比例存入保证金,出现不足的要及时补缴,确保保证金余额能弥补贷款风险损失。确因业务发展需要的,经总行审核可适当降低其保证金比例,但原则上不低于 5%。

2. 担保资格

担保公司的担保资格由经办行按照相关行对担保企业的要求进行调查,并报总行审批。

(三) 车辆抵押加其他企业担保贷款方式

车辆抵押加其他企业担保贷款方式是指借款人以所购买车辆作抵押,并由其他企业承担连带保证担保责任的贷款方式。

1. 其他企业的条件

(1) 经过工商部门办理年检手续;

(2) 信用等级 AA 级(含)或乙级(含)以上;

(3) 在相关行开立基本账户或一般账户。

2. 担保额度

担保额度一般不超过其净资产 – 已对外担保额,最高不超过总资产 – 无形资产 – 对外担保额 – 已作抵押额 – 待处理资产损失。

(四) 汽车抵押加保险公司保证保险贷款方式

汽车抵押加保险公司保证保险贷款方式是指借款人以所购车辆作抵押,并由商业保险公司提供保证保险的贷款方式。

1. 保险公司的条件

(1) 经中国保险监督管理机构批准同意,有权开办个人汽车消费贷款保证保险的商业保险公司在当地的分支机构;

(2) 已与经办行签订《个人汽车消费贷款保证保险合作协议》。

2. 保证金

保险公司必须在经办行开立保证金专户,按照贷款额度的一定比例(具体以双方合作协议为准)存入保证金作质押担保,出现不足的要及时补缴,确保保证金余额能弥补贷款风险损失。

(五) 房产抵押贷款方式

房产抵押贷款方式是借款人以本人或第三方(自然人)拥有的合法房产作抵押向经办行申请的贷款业务。抵押房产可为个人商品住房、营业房等。抵押房产必须产权明晰,且办理抵押登记手续。

四、汽车消费信贷的车辆保险

个人汽车消费信贷所购车辆必须在保险公司办理车辆损失险、第三者责任险、交强险和盗抢险等保险,同时在保单附加条款内注明经办行对汽车财产保险赔付享有第一优先受偿的权力。保险期限原则上不得短于贷款期限,如保险期限短于贷款期限的,须在合同中约定续保事项,保证借款人在保险到期时能够正常续保。

五、实训情景设计

根据提供的顾客资料判断汽车消费信贷是否符合条件。

六、检查评价

方案一:教师以知识问答的形式进行提问检查,以检查学生理解掌握情况。

方案二:结合实训情景设计,各小组推荐代表进行表演展示,其他小组结合表 7-4,进行评分。

汽车消费信贷应具备的条件评分表　　　　表 7-4

序号	评分项目	评分标准	分值	得分
1	汽车消费信贷贷款对象有哪些	要点叙述准确、全面、流利	15	
		要点叙述准确、全面、流利	15	
		要点叙述准确、全面、流利	15	
		要点叙述准确、全面、流利	15	
		要点叙述准确、全面、流利	15	
		要点叙述准确、全面、流利	15	
2	借款人申请个人汽车按揭贷款,其所有债务支出与收入比例	要点叙述准确、全面、流利	5	
3	所购车辆如何办理上牌及抵押登记手续	要点叙述准确、全面、流利	5	
合计	综合评语:		100	

项目七 汽车销售信贷

课题三 汽车消费信贷业务流程

一、汽车消费信贷基本业务操作流程

(一) 贷款申请

贷款申请需提供以下资料:

(1) 有效身份证件原件及复印件(指居民身份证、户口簿或其他有效居留证件)及婚姻状况证明;

(2) 职业及收入证明(可视情况要求追加提供其他能证明收入状况的资料,如工作证、工资单、代发工资存折等);

(3) 不低于规定比例的首付款凭证;

(4) 购车合同、汽车型号、发动机号、车架号、购车发票、车辆购置附加税完税凭证、车辆行驶证、保险单和机动车登记证书;

(5) 担保单位资料;

(6) 抵押物资料;

(7) 在经办行开立的个人账户凭证;

(8) 经办行规定的其他资料。

借款人申请个人汽车按揭贷款须填写个人贷款申请书及自动转账还本付息委托书。个人贷款申请书见表7-5。

××银行_____分行_____支行   表7-5

个人_____贷款申请表

借款申请人及关联人基本情况		
项目	申请人	申请人配偶
姓名		
身份证件类型 (请填写对应字母)	A 居民身份证;B 中国护照;C 外国护照;D 军官证;E 警官证;F 士兵证;G 港澳居民来往内地通行证(港澳同胞回乡证);H 台湾居民来往大陆通行证	

续上表

借款申请人及关联人基本情况		
身份证件号码		
出生日期	年　月　日	年　月　日
民族		
国籍		
户籍所在地		
婚姻状况	□已婚有子女　□已婚无子女　□未婚　□离婚　□丧偶	
健康状况	□良好　□一般　□差	□良好　□一般　□差
学历（请填写对应字母）	A 研究生及以上；B 在学本科；C 在专或专科；D 中专；E 技工学校；F 高中；G 初中；H 小学；I 文盲或半文盲	
职业（请填写对应字母）	A 专业技术人员；B 国家机关、党组织、企事业单位负责人；C 办事人员或有关人员；D 商业、服务业人员；E 农林牧渔水利业生产人员；F 生产、运输、设备操作人员及有关人员；G 私营企业和个体工商户；H 军人；I 不便分类的其他从业人员	
职称	□高级　□中级　□初级　□无职称	□高级　□中级　□初级　□无职称

续上表

借款申请人及关联人基本情况		
所属行业 （请填写对应字母）	A 房地产业；B 金融业；C 教育；D 信息传输、计算机服务和软件业；E 交通运输、仓储和邮政业；F 文化、体育和娱乐业；G 科学研究、技术服务和地质勘察业；H 农林牧渔业；I 采矿业；J 制造业；K 电力、燃烧及水的生产和供应业；L 建筑业；M 批发和零售业；N 住宿和餐饮业；O 租赁和商业服务业；P 水利、环境和公共设施管理业；Q 居民服务和其他服务业；R 卫生、社会保险和社会福利业；S 公共管理和社会组织；T 国际组织；U 其他行业	
执业资格	□有（　　　）　□无	□有（　　　）　□无
现在工作单位		
单位地址		
单位邮编		
进入现单位工作时间	年　　月	年　　月
职务		
现居住状况	□自有住房　□贷款购买住房　□与亲戚合住　□集体宿舍　□租房　□其他	
住宅地址		
住址邮编		
本地居住时间	年	年
对账单寄送地址	□住址地址　□单位地址　□其他 （具体地址：　　　　　　　邮编：　　　　　）	
手机号码		

续上表

借款申请人及关联人基本情况		
住宅电话		
电子邮编		
主要收入来源	□工资收入 □投资经营收入 □其他收入	□工资收入 □投资经营收入 □其他收入
月收入	元	元
供养人数(含本人)		人
家庭资产	1.房产： 万元 2.汽车： 万元 3.证券： 万元 4.存款： 万元 5.其他： 万元	
家庭负债余额	1.银行贷款： 万元 2.其他负债： 万元	
家庭对外债担保余额		万元
持有×行信用卡	□是 □否	□是 □否
在本地证券系统开户	□是 □否	□是 □否
×行VIP级别	□总行级 □省分行级 □非×行VIP	□总行级 □省分行级 □非×行VIP
参加养老保险	□是 □否	□是 □否
参加失业保险	□是 □否	□是 □否
缴纳住房公积金	□是 □否	□是 □否
参加医疗保险	□是 □否	□是 □否
享受住房补助	□是 □否	□是 □否

续上表

借款申请人及关联人基本情况	
额度申请和借款偿还计划	申请贷款金额＿＿万元；贷款期限＿＿月；是否循环：□是 □否 担保方式 □信用 □质押 □抵押 □抵押+保证 □其他 贷款用途<u>　且不为法律、法规及建设银行规定的禁止性用途　</u> 贷款支用方式：□通贷支用 □分账户支用 □一次性支用 还款方式：□等额本息 □等额本金 □一次还本付息 □按期付息任意还本 □其他 放款账户户名及账号□＿＿＿＿＿＿＿＿＿＿ 　　　　□本次借款申请中同时申请的理财卡 还款账户户名及账号□＿＿＿＿＿＿＿＿＿＿ 　　　　□本次借款申请中同时申请的理财卡
借款申请人及申请人配偶签名和征信授权	本人确保以上所填写的资料真实有效，在贷款结清以前，以上资料发生变动，本人将在变动后10天内向银行提供新的资料。 本借款属于夫妻共同债务，非个人债务且不属于《中华人民共和国民法典》第一千零六十五条规定的情形。本人已就申请本借款向配偶履行了告知义务并已经配偶同意。

续上表

借款申请人及关联人基本情况		
项目	申请人	申请人配偶
借款申请人及申请人配偶签名和征信授权	贵行可对本人提供的资料进行调查确认。同时授权贵行向中国人民银行信用基础数据库及信贷征信主管部门批准建立的个人信用数据库或有关单位、部门、个人查询本人的信用状况,查询获得的信用报告限用于《个人信用基础数据库管理暂行办法》规定的使用范围。 申请人签名:　　　　申请人配偶签名: 　年　月　日　　　　年　月　日	

以下内容由质押人填写:

质押权利	名称	编号	价值	起止日期

质押人基本情况及签名	权利人姓名_____身份证件名称及号码_____ 联系电话_____ 权利共有人_____身份证件名称及号码_____ 联系电话_____ 本人确保以上所填写的资料真实有效,对本权利具有处分权,并同意将以上权利为借款人本次借款提供担保,若借款人未能按期偿还贷款本息,贵行有权处理以上权利,无论权利是否已经到期,并就所得价款优先受偿。 质押人(权利人、共有人): 　　　　　　年　月　日

续上表

借款申请人及关联人基本情况				
以下内容由抵押人填写：				
抵押物	名称	抵押物坐落	评估价格	权利凭证编号
抵押人基本情况及签名	抵押人为自然人： 抵押物所有权人_____身份证件名称及号码_____ 联系电话_____ 抵押物共有权人_____身份证件名称及号码_____ 联系电话_____ 抵押人为法人或其他经济组织： 名称_____地址_____ 法定代表人姓名_____联系电话_____ 经办人姓名_____联系电话_____ 组织类型_____ 　　本人确保以上所填写的资料真实有效,对本抵押具有处分权,并同意将以上抵押物为借款人本次借款提供担保,若借款人未能按期偿还贷款本息,贵行有权处理以上权利,并就所得价款优先受偿。抵押人为法人或其他经济组织的,担保行为符合《中华人民共和国公司法》等有关法律及公司章程(合伙协议)的规定。 　　抵押人(所有人、共有人)： 　　　　　　　　　　　　　　　　　　年　　月　　日			

续上表

借款申请人及关联人基本情况	
以下内容由保证人(自然人)填写：	
保证人基本情况	保证人(一)： 姓名_____性别____出生年月_____ 户口所在地_____ 技术职称_____学历_____职务_____ 身份证件名称及号码_____ 家庭地址(邮编)_____ 家庭电话_____手机_____ 单位名称及地址(邮编)_____ 单位联系电话_____ 单位类别　□机关事业单位　□军队　□国有企业 　　　　　□集体企业　□三资企业　□个人独资企业　□个体经营户　□其他 岗位性质　□单位主管　□部门主管　□一般员工 在本岗位年限　□两年以上　□一至两年　□一年以内 借款人月收入_____目前银行负债情况 保证人(二)： 姓名_____性别____出生年月_____ 户口所在地_____ 技术职称_____学历_____职务_____ 身份证件名称及号码_____ 家庭地址(邮编)_____ 家庭电话_____手机_____ 单位名称及地址(邮编)_____ 单位联系电话_____

续上表

借款申请人及关联人基本情况	
保证人基本情况	单位类别　□机关事业单位　□军队　□国有企业　□集体企业　□三资企业　□个人独资企业　□个体经营户　□其他 岗位性质　□单位主管　□部门主管　□一般员工 在本岗位年限　□两年以上　□一至两年　□一年以内 借款人月收入_____目前银行负债情况_____
保证人签名	本人确保以上所填写的资料真实有效，在贷款结清前，以上资料发生变动，本人将在变动后10天内向银行提供新的资料。本人同意对借款人本次借款提供连带责任保证。 　　本保证债务属于夫妻共同债务，非个人债务且不属于《中华人民共和国民法典》第一千零六十五条规定的情形。本人已就提供该保证向配偶履行了告知义务并已经配偶同意。 　　贵行可对本人提供的资料进行调查确认。同时授权贵行向中国人民银行信用信息基础数据库及信贷征信主管部门批准建立的个人信用数据库或有关单位、部门、个从查询本人的信用状况，查询获得的信用报告限用于《个人信用信息基础数据库管理暂行办法》规定的使用范围。 　　　　　　　　　　保证人（一）： 　　　　　　　　　　　　　　年　　月　　日 　　　　　　　　　　保证人（二）： 　　　　　　　　　　　　　　年　　月　　日
以下内容由保证人(法人或其他经济组织)填写：	

续上表

借款申请人及关联人基本情况	
保证人基本情况	名称_____ 地址_____ 法定代表人姓名_____ 联系电话_____ 经办人姓名_____ 联系电话_____ 组织类别 □有限股份公司 □股份有限公司 □合伙企业 □个人独资企业 □其他 注册资本_____
保证人签名	本组织确保以上所填写的资料真实有效,在贷款结清前,以上资料发生变动,将在这之后的 10 天内向银行提供新的资料。 本组织同意对借款人的本次借款提供连带责任保证,且担保行为符合《中华人民共和国公司法》等有关法律及公司章程(合伙协议)的规定。 保证人(签章): 年 月 日
借款人申请理财卡、信用卡时填写以下内容:	
申请理财卡卡种:Visa(威士卡): □白金卡 □金卡 MasterCard(万事达卡): □白金卡 □金卡 若申请上一级别卡片未获批准,是否同意申请下一级别卡片 □是 □否 申请信用卡卡种:□VISA 金卡 □VISA 普通卡 □MasterCard 金卡 □MasterCard 普通卡 申请额度(人民币:元):主卡_____元,附属卡_____元 境内消费使用密码:□是 □否	

续上表

借款申请人及关联人基本情况
非配偶联系人资料：姓名_____ 与申请人关系_____ 性别___ 联系电话_____ 本人同意(□不同意)将本人以上个人贷款的还款账户作为本信用卡的约定还款账户及约定购汇还款账户。 □同意为配偶申请信用卡附属卡 □不同意为配偶申请信用卡附属卡 本人确保以上填写的资料真实有效。本人已仔细阅读《××银行××卡信用卡申领协议》《××银行××卡信用卡申领合约》的全部内容，自愿签署并依约履行该协议。申请成功与否，本人均不要求退回本申请表及相关材料。××银行有权拒绝本申请而无须给予任何原因解释。 　　理财卡、信用卡申请人：　　　　　　年　　月　　日 　　信用卡附属卡申请人：　　　　　　　年　　月　　日

(二) 贷款调查

经办行收妥借款人提交的书面申请书和有关资料后，经初步认定同意受理的，应及时安排信贷调查岗进行贷前调查。

1. 个人汽车按揭贷款调查的主要内容

(1) 借款人所提供的资料是否完整、真实、有效；

(2) 借款人和保证人资信情况及购车行为的真实性；

(3) 调查借款申请人、担保人的品行，通过中国人民银行个人征信系统查询借款人的信用记录和债务余额，申请人是否有违法行为和不良信用记录；

(4) 所购车辆价格与当地同业的市场价格是否相当；

(5) 借款人、担保人担保及抵押物是否真实、有效，是否符合有关贷款、担保条件，变现能力强弱；

(6) 借款人还款能力，重点分析借款人第一还款来源的稳定性和充足性。借款人所有债务支出与收入比是否超过规定的比例；

(7) 调查借款人的工作单位、工作年限及收入证明等，判断借款人的还款能力。对于自雇人士(即自行成立法人机构或其他经济组织，或在上述机构内持有超过10%股份，或其个人收入的主要来源为上述机构的经营收入者)申请个人汽车按揭贷款时,不能仅凭个人开具的收入证明来判断其还款能力,还应通过要求其提供有关资产证明、银行对账单、财务报表、税单证明和实地调查等方式,了解其经营情况和真实财务状况,全面分析其还款能力。

2. 基本流程

信贷调查岗确定借款申请人的资格、偿还能力,提出拟贷款金额、期限及每月还款金额,签署明确意见,将全部材料报信贷审查岗进行审查。

(三)贷款审查

信贷审查岗对调查岗提交的资料进行审查,贷款申请资料和内部运作资料是否齐全,基本要素填写是否完整,借款人和担保人主体资格是否合法,贷款用途、期限、方式、利率等是否符合汽车信贷政策,审查购车行为的真实性,分析贷款风险程度、风险防范措施。提出贷款审查意见,报贷款有权审批人进行审批。

(四)贷款审批

按总行的贷款授权行使审批权,超支行权限的上报总行审批。

(五)贷款发放

经有权审批人审批同意后,调查岗应在信贷管理系统中进行出账及维护,同时与申请人及担保人签订相关的合同文本,办妥有关抵(质)押、公证、登记、保险、入库等手续,以及签订《委托转账付款授权书》,贷款直接划入经销商在经办行开立的账户上。借款人不得提取现金或挪作他用。

(六)清户、注销抵押登记

借款人偿还全部本息后,经办行会计部门出具贷款结清凭证。管户信贷人员通知借款人,持其有效身份证件、贷款结清凭证领回由经办行保管的有关法律凭证及文件,并办理注销抵押登记手续。

(七)贷款到期后未归还的

从其贷款到期日次日起,转入逾期贷款账户,并按合同约定向借款人加收逾期贷款利息。贷款逾期后经办行应向保证人追偿或处置抵押物,直到偿清全部贷款本息为止。

二、汽车消费信贷贷款偿还

（1）一次性还本付息法。指贷款期限在1年以内的（含1年），实行到期后一次性还清贷款本息。

（2）等额本息法。指在贷款期内以每月相等的金额平均偿还贷款本金和利息。

（3）等额本金法。是指在贷款期内将本金平均分摊在每个月归还。

（4）借款人应按借款合同约定的还款日期、计划、还款方式偿还贷款本息。

（5）借款人征得经办行同意可以提前全部或部分归还贷款。

三、贷款核算

个人汽车按揭贷款正常贷款在"128120 汽车按揭抵押贷款"会计科目核算；不良贷款在"130010 逾期贷款""130030 呆滞贷款""130040 呆账贷款"会计科目核算。

四、贷后管理

管户信贷人员按照经办行信贷业务操作规程的要求，建立个人汽车按揭贷款管理台账，逐笔登记贷款发放、归还情况。建立贷后跟踪检查和间隔期检查制度。管户信贷人员应在贷款发放后每季度，采用实地走访与电话联系相结合的方式，定期或不定期对借款人、保证人进行检查。检查的主要内容有：

（1）定期通过抽查方式对借款人进行回访，注意借款人家庭经济状况的变化、借款人对还款态度的变化、借款人是否有重大事件发生等问题。

（2）对抵押物和保证人的状况、借款人的还款情况要实行动态监控，了解当地市场行情，把握抵押物价值的变化，确保抵押物足值、有效。

（3）关注经销商账户资金的走向，借助厂商车辆销售的产品链，通过监控厂商、经销商及终端用户的资金汇划业务，将资金控制在银行和厂商的资金链中，确保贷款资金的安全性。

（4）各行要杜绝由经销商统一为客户还款的做法，应按月或一次性从借款人个人账户中扣除。

（5）要严格管理保证金账户，确保保证金账户的余额不低于规定金额，如账户余额低于规定金额要及时催缴。

五、风险管理有关事项

（一）对汽车经销商实行动态管理，建立汽车经销商的准入和退出机制

对单个汽车经销商项下的个人汽车按揭贷款不良率超过1%的，要通过提高贷款准入标准、提高保证金比例等手段，促进经销商提高推荐客户的质量并协助清收；对单个汽车经销商项下的个人汽车按揭贷款不良率超过2%，暂停发放该经销商客户的个人汽车按揭贷款，直至不良率降低至2%以下；对不积极协助经办行清收欠款的，要终止合作关系。

经销商发生下列情形之一的，要终止合作关系，经办行做好存量贷款的管理及资产保全工作。

(1)经销商发生未按双方合作协议的约定办理个人汽车按揭贷款业务，经整改未见成效的。

(2)经销商发生骗贷、套贷等信用风险和经营管理风险、信用等级下降等严重影响贷款质量的。

(3)连续6个月未正常开展个人汽车按揭贷款业务的。

（二）对个人汽车按揭贷款经办行实行动态管理，建立预警监测机制

(1)对经办行个人汽车按揭贷款质量实行按月监测，经办行个人汽车按揭贷款不良率预警值设置为1%，不良率超过警戒水平的经办行审批权限自动上收，经过清收后不良率降低至警戒线以下并已落实整改的，由总行进行重新授权。

(2)经办行发生下列情形之一的，由总行发出停办个人汽车按揭贷款业务的通知并监督执行。由经办行做好存量贷款的管理及资产保全工作。

①违反个人汽车按揭贷款操作流程办理业务或对汽车经销商疏于管理，造成贷款风险和损失的。

②所管理的汽车经销商或借款人发生骗贷、套贷等信用风险以及经营管理风险造成严重后果，隐瞒不报或未采取保全措施的。

③违反本实施细则或采取其他手段绕开或变相违反规定的。

（三）对提供担保的机构如担保经销商、担保公司等实行动态管理，建立风险预警机制

(1)对担保机构项下的个人汽车按揭贷款不良率进行动态考核。

(2)担保机构发生下列情形之一的,要终止合作关系,经办行做好存量贷款的管理及资产保全工作。

①未足额缴纳保证金和按贷款比例增加保证金的。

②所担保的贷款总额超过协议规定的。

③在对所担保车辆进行依法扣车、拍卖处置后,所得款项未首先清偿银行贷款的。

六、实训情景设计

根据所学知识,模拟办理汽车消费信贷业务。

七、检查评价

方案一:教师以知识问答的形式进行提问检查,以检查学生理解掌握情况。练习填写个人借款申请书,学生相互检查有无错误的地方。

方案二:结合实训情景设计,各小组推荐代表进行表演展示,结合表7-6进行评分。

汽车消费信贷基本业务操作流程评分表　　　　表7-6

序号	评分项目	评分标准	分值	得分
1	申请个人汽车按揭贷款需提供的资料	要点叙述准确、全面、流利	25	
2	个人汽车按揭贷款调查的主要内容	要点叙述准确、全面、流利	25	
3	信贷审查内容	要点叙述准确、全面、流利	10	
4	贷款审批权限	要点叙述准确、全面、流利	10	
5	贷款的发放	要点叙述准确、全面、流利	10	
6	清户、注销抵押登记	要点叙述准确、全面、流利	10	
7	贷款到期后未归还的	要点叙述准确、全面、流利	10	
合计	综合评语:		100	

项目八　二手汽车交易

项目描述

本项目所包含的主要内容是二手汽车鉴定和交易过程中，需要遵循的工作流程、工作规范和要求，应熟练掌握，灵活运用。

该项目重在技能操作，主要考查二手汽车鉴定和交易中的基本方法和工作流程处理能力。

知识目标

(1) 能说出我国二手汽车交易的概念和相关的法律法规，熟知二手车电商新格局；

(2) 熟知二手汽车鉴定评估的特点和类型；

(3) 熟知二手汽车评估的基本方法以及车辆的变更、过户、转籍的手续的办理流程。

技能目标

(1) 能运用二手汽车的鉴定评估的基本方法对二手车进行鉴定评估；

(2) 能灵活运用所学知识为顾客办理车辆的变更、过户、转籍手续。

(3) 能运用二手车电商营销策略。

素养目标

(1) 培养团队协作意识；

(2) 培养与人沟通能力；

(3) 熟练掌握自动化办公设备运用、信息库应用能力。

建议课时

20课时。

项目八 二手汽车交易

 二手汽车交易的概念及相关法律法规

二手汽车的交易是汽车交易的一个重要组成部分,是汽车流通领域一个必不可少的环节。

一、二手汽车交易的概念及相关法律法规

(一)二手汽车交易的概念

所谓二手汽车,是指从办理完注册登记手续到国家强制报废标准之前进行交易并转移所有权的汽车。

二手汽车交易是指以二手汽车为交易对象,在国家规定的二手汽车交易中心或其他经合法审批的交易场所中进行的二手汽车的商品交换和产权交易。二手汽车电子商务是通过互联网或其他数字化媒体渠道,进行二手车资讯传播及在线交易的形式。

(二)二手汽车交易市场的概念

1. 二手汽车交易市场

二手汽车交易市场是指依法设立、为买卖双方提供二手汽车集中交易和相关服务的场所。是二手汽车信息和资源的聚集地,是买主和卖主进行二手汽车的商品交换和产权交易的场所。

我国二手汽车电商发展速度较快,二手汽车交易量逐年增多,从发展模式来看主要有三种,分别为C2C模式、B2C模式和2B模式。C2C模式:通过降低"卖方—商家—买方"之间的信息不对称来提升交易透明度,进而提升交易率。缺点是交易链条过长,导致其交易率较低,主要依赖本地交易,收入来源较为单一。B2C模式:通过"信息展示+获客导源"的方式帮助线下二手汽车经营公司进行二手汽车交易。缺点是B2C电商在核心交易环节的参与程度较低,盈利范围和盈利能力有限。2B模式:立足于二手汽车卖家与车商之间,交易效率高,运营成本低。可持续性较强。缺点是位于二手汽车交易链前端,车源质量相对较差。

2. 管理部门

(1)业务与行业管理——商务部。

(2)行政管理——工商、税务、公安交管、环保、治安等部门,涉及国有资产的还应服从国有资产管理部门的管理。

业务与行业管理的主要依据:2005年10月1日颁布的《二手车流通管理办法》、2006年3月24日颁布的《二手车交易规范》。

3. 二手汽车交易市场相关服务

鉴定评估、过户、转籍、上牌、保险等。此外,严格依法审查交易的合法性、杜绝非法交易。

4. 二手汽车交易市场相关经营主体(企业)

经营公司、置换公司、拍卖公司、评估公司、经纪公司和经纪人。

(三)二手汽车交易主要方式

1. 二手汽车销售

对要出售的二手汽车,首先进行检查、技术鉴定和价值的评估。然后才能进入销售交易环节,二手汽车交易程序与新车销售略有不同。

(1)二手汽车销售流程(图8-1)

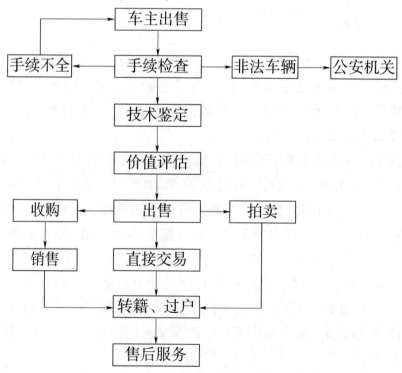

图8-1 二手汽车交易工作流程示意图

项目八　二手汽车交易

(2)二手汽车交易方式(表8-1)

二手汽车的交易方式　　　　　　　表8-1

类　　别	简　　介
二手汽车寄售	对二手汽车鉴定评估后,车主将二手汽车送入交易市场,并与市场签订相关寄售协议。市场发布交易信息,在规定的时间内成交后,市场收取一定的服务费用
二手汽车收购	对二手汽车鉴定评估后,按商定价格,由二手汽车市场或二手汽车经销商收购。经维修后进入交易市场进行销售
二手汽车代购	消费者若求购二手汽车,可向二手汽车市场或二手汽车经销商、二手汽车经纪公司、二手汽车经纪人咨询求购信息,上述二手汽车经销商代消费者购得符合消费者要求的二手汽车,消费者选购后,需付一定的服务费
二手汽车拍卖	对二手汽车鉴定评估后,由拍卖公司或二手汽车交易市场进行拍卖。目前这种形式非常普遍,很多拍卖公司纷纷加入这个拍卖市场,形成鉴定评估和拍卖服务一条龙
二手汽车网售	二手汽车经纪公司或二手汽车交易市场将要出售的二手汽车的有关信息在网上公布,消费者可在网上求购,从而实现二手汽车销售

2.二手汽车置换

二手汽车置换就是以旧换新。消费者把原有的汽车经过鉴定评估后,按评估价值或商定的价值卖给汽车经销商,同时向其购买新车,原车的价款抵消部分新车的价款,消费者只需付给经销商差价即可。

3.二手汽车租赁

二手汽车租赁是指有的汽车租赁公司,收购一些技术状况较好的二手汽车,作为公司的租赁车辆,这样可以降低运营成本。

4.二手汽车翻新

二手汽车经纪公司或二手汽车市场、汽车4S店,将收购或置换来的二手汽车进行整修、装饰,提高二手汽车的价值后,再进入汽车流通领域,进行销售。

5.二手汽车电商营销策略

(1)多收质量保证的好车。二手汽车市场是典型的供给驱动型业务,以优质的车辆供给拉动业务。

(2)要有体验产品的平台。客户能方便快捷找到符合自己预期的车辆,能充分展现车辆相关信息,快速帮助客户决策的通道。

(3)要有服务保障体系。要打消客户的购置后的顾虑,促进客户成交。

(4)车辆价格合理公道。性价比、价格永远是客户考虑的首位需求。

(5)有品牌市场和运营机制。品牌+服务质量+信任=转化率。知名度越高意味着售后服务有保障。

(6)有获得客户的通道和运营成本。主要表现在流量获客上,有流量才能谈及转化率,决定成交率,决定成本的集约程度。

(四)二手汽车交易政策法规介绍

1.《二手车流通管理办法》

(1)二手车交易市场经营者、二手车经销企业和经纪机构应当具备企业法人条件,并依法到工商行政管理部门办理登记。

(2)外商投资设立二手车交易市场、经销企业、经纪机构、鉴定评估机构的申请人,应当分别持符合《二手车流通管理办法》的相关规定和《外商投资商业领域管理办法》、有关外商投资法律规定的相关材料报省级商务主管部门。

(3)二手车交易市场经营者和二手车经营主体应当依法经营和纳税,遵守商业道德,接受依法实施的监督检查。

(4)二手车交易市场经营者应当为二手车经营主体提供固定场所和设施,并为客户提供办理二手车鉴定评估、转移登记、保险、纳税等手续的条件。

(5)二手车流通监督管理遵循破除垄断,鼓励竞争,促进发展和公平、公正、公开的原则。

(6)要建立二手车交易市场经营者和二手车经营主体备案制度。

(7)建立和完善二手车流通信息报送、公布制度。

(8)商务主管部门、工商行政管理部门应当在各自的职责范围内采取有效措施,加强对二手车交易市场经营者和经营主体的监督管理,依法查处违法违规行为,维护市场秩序,保护消费者的合法权益。

2.《二手车交易规范》

(1)二手车交易市场经营者应具有必要的配套服务设施和场地,设立车辆展示交易区、交易手续办理区及客户休息区,做到标志明显,环境整洁卫生。

(2)二手车交易市场经营者在交易市场内应设立醒目的公告牌,明示交易服务程序、收费项目及标准、客户查询和监督电话号码等内容。

(3)二手车交易市场经营者应制定市场管理规则,对场内的交易活动负有监督、规范和管理责任,保证良好的市场环境和交易秩序。

(4)二手车交易市场经营者应及时受理并妥善处理客户投诉,协助客户挽回经济损失,保护消费者权益。

(5)二手车交易市场经营者在履行其服务、管理职能的同时,可依法收取交易服务和物业等费用。

(6)二手车交易市场经营者应建立严格的内部管理制度,牢固树立为客户服务、为驻场企业服务的意识,加强对所属人员的管理,提高人员素质。

二、实训情景设计

把学生分成若干小组,运用本课题所学知识和实车等资料填写表8-2~表8-4,并进行互相讨论,教师点评。

车 辆 信 息 表　　　　　　　　表8-2

质量保证类别						
车牌号						
经销企业名称						
营业执照号码			地址			
车辆基本信息	车辆价格	¥　　　元	品牌型号		车身颜色	
	初次登记	年 月 日	行驶里程	公里	燃料	
	发动机号		车架号码		生产厂家	
	出厂日期	年 月	年检到期	年 月	排放等级	
	结构特点	□自动挡　□手动挡　□ABS　□其他				
	使用性质	□营运　□出租车　□非营运　□营转非　□出租营转非　□教练车　□其他				

续上表

车辆基本信息	交通事故记录次数/类别/程度	
	重大维修记录时间/部件	
	法定证明、凭证	□号牌　□行驶证　□登记证　□年检证明　□车辆购置税完税证明　□养路费缴付证明　□车船使用税完税证明　□保险单　□其他
车辆技术状况		
质量保证		
声明	本车辆符合《二手车流通管理办法》有关规定，属合法车辆。	
	买方(签章)　　　　　　　经销企业(签章) 经办人(签章) 　　　　　　　　　　　　　　　　　　年　　月　　日	
备注	1. 本表由经销企业负责填写。 2. 本表一式三份，一份用于车辆展示，其余作为销售合同附件	

填表说明：

(1) 质量保证类别。车辆使用年限在 3 年以内或行驶里程在 6 万 km 以内（以先到者为准，营运车除外），填写"本车属于质量保证车辆"。

项目八　二手汽车交易

如果超出质量保证范围,则在质量保证类别栏中填写"本车不属于质量保证车辆",质量保证栏填写"本公司无质量担保责任"。

(2)经销企业名称、营业执照号码及地址应按照企业营业执照所登记的内容填写。

(3)车辆基本信息按车辆登记证书所载信息填写。

①行驶里程按实际行驶里程填写。如果更换过仪表,应注明更换之前行驶里程;如果不能确定实际行驶里程,则应予以注明。

②年检到期日以车辆最近一次年检证明所列日期为准。

③车辆价格按二手车经销企业拟卖出价格填写,可以不是最终销售价。

④其他信息根据车辆具体情况,符合项在□中划"√"。

⑤使用性质按表中所列分类,符合项在□中划"√"。

⑥交通事故记录次数/类别/程度,应根据可查记录或原车主的描述以及在对车辆进行技术状况检测过程中发现的,对车辆有重大损害的交通事故次数、类别及程度填写。未发生过重大交通事故填写"无"。

⑦重大维修记录应根据可查记录或原车主的描述以及在车辆检测过程中发现的更换或维修车辆重要部件部分(比如发动机大中修等)填写有关内容。车辆未经过大中修填写"无"。

(4)法定证明、凭证等按表中所列项目,符合项在□中划"√"。

(5)车辆技术状况是指车辆在展示前,二手车经销企业对车辆技术状况及排放状况进行检测,检测项目及检测方式根据企业具体情况实施,并将检测结果在表中填写。同时,检验员应在表中相应位置签字。

(6)属于质量担保车辆的,经销企业根据交易车辆的实际情况,填写质量保证部件、里程和时间。一般情况下,质量保证可按以下内容填写:

①质量保证范围为:从车辆售出之日起3个月或行驶5000km,以先到为准。

②本公司在车辆销售之前或之后质量保证期内,保证车辆安全技术性能。

③质量保证不包括:轮胎、蓄电池、内饰和车身油漆,也不包括因车辆碰撞、车辆用于赛车或拉力赛等非正常使用造成的质量问题。

经销企业也可根据实际情况适当延长质量保证期限,放宽对使用年限和行驶里程的限制。

(7)当车辆实现销售时,由经销企业及其经办人和买方分别在签章栏中签章。

拍卖车辆信息表　　　　　　　表8-3

拍卖企业名称					
营业执照号码		地址			
拍卖时间	年　月　日	拍卖地点			
车辆基本信息	车牌号		厂牌型号		车身颜色
	初次登记日期	年　月　日	行驶里程	公里	燃料
	发动机号		车架号		
	出厂日期	年　月	发动机排量		
	年检到期日	年　月	生产厂家		
	结构特点	□自动挡　□手动挡　□ABS　□其他			
	使用性质	□营运　□出租车　□非营运　□营转非　□出租营转非 □教练车　□其他			
	交通事故记录次数/类别/程度				
	重大维修记录				
	其他提示				

续上表

法定证明、凭证等	□号牌　□行驶证　□登记证　□年检证明 □车辆购置税完税证明　□养路费缴付证明 □车船使用税完税证明　□保险单　□其他		
车辆技术状况	检测日期		检测人
质量保证			
声明	本车辆符合《二手车流通管理办法》有关规定,属合法车辆。		
其他载明事项			
拍卖人(签章):			
备注	1.本表由拍卖人填写。 2.本表一式3份,一份用于车辆展示,其余作为拍卖成交确认书附件		

填表说明:

(1)拍卖企业名称、营业执照号码及地址应按照企业营业执照所登记的内容填写。

(2)拍卖时间、地点填写拍卖会举办的时间和地点。

(3)车辆基本信息按车辆登记证书所载信息填写。

①行驶里程按实际行驶里程填写。如果更换过仪表,应注明更换之前行驶里程;如果不能确定实际行驶里程,则应予以注明。

②年检到期日以车辆最近一次年检证明所列日期为准。

③其他信息根据车辆具体情况,符合项在□中划"√"

④使用性质按表中所列分类,符合项在□中划"√"。

⑤交通事故记录次数/类别/程度,应根据可查记录或委托方的描述以及在对车辆进行技术状况检测过程中发现的,对车辆有重大损害的交通事故次数、类别及程度填写。确定未发生过重大交通事故填写"无"。

⑥重大维修记录应根据可查记录或委托方的描述以及在车辆检测过程中发现的更换或维修车辆重要部件部分(比如发动机大中修等)填写有关内容。确定未经过大中修填写"无"。

⑦拍卖企业应在其他提示栏中指出车辆存在的质量缺陷、未排除的故障等方面的瑕疵。

(4)法定证明、凭证等按表中所列项目,符合项在□中划"√"。

(5)车辆技术状况是指车辆在展示前,拍卖企业对车辆技术状况及排放状况进行检测,检测项目及检测方式根据企业具体情况实施,并将检测结果在表中填写。同时,检验员应在表中相应位置签字。

(6)有能力的拍卖企业可为拍卖车辆提供质量保证,质量担保范围可参照经销企业的《车辆信息表》有关要求。质量保证部件、里程和时间可根据实际情况由企业自行掌握。

(7)其他载明事项是拍卖企业需要对车辆进行特殊说明的事项。

(8)当车辆拍卖成交时,拍卖人在签章栏中签章。

二手车拍卖成交确认书　　　　　　　表8-4

| 拍卖人： |
| 买受人： |
| 签订地点： |
| 签订时间： |
| 经审核本拍卖标的手续齐全,符合国家有关规定,属于合法车辆 |
| 拍卖人于＿＿＿＿年＿＿月＿＿日在＿＿＿＿＿＿＿＿＿＿举行拍卖会上,竞标号码为＿＿＿＿＿＿＿＿＿的竞买人＿＿＿＿＿,经过公开竞价,成功竞得＿＿＿＿＿＿＿＿＿＿。拍卖标的物的详情见附件《拍卖车辆信息》。依照《二手车流通管理办法》《中华人民共和国拍卖法》及有关法律、行政法规之规定,双方签订拍卖成交确认书如下：
一、成交拍卖标的:拍卖编号为＿＿＿＿＿＿＿＿＿的二手机动车,车牌号码为＿＿＿＿＿＿＿＿＿。 |

续上表

> 二、成交价款及佣金：标的成交价款为人民币大写_____元（￥_____），佣金比例为成交总额的_____％，佣金为人民币大写_____元（￥_____），合计大写_____元（￥_____）。
>
> 三、付款方式：拍卖标的已经拍定，其买受人在付足全款后方可领取该车。
>
> 四、交接：拍卖人在买受人付足全款后，应将拍出的车辆移交给买受人，并向买受人提供车辆转移登记所需的号牌、《机动车登记证书》《机动车行驶证》、有效的机动车安全技术检验合格标志、车辆购置税完税证明、养路费缴付凭证、车船使用税缴付凭证、车辆保险单等法定证明、凭证。
>
> 五、转移登记：买受人应自领取车辆及法定证明、凭证之日起 30 日内，向公安机关交通管理部门申办转移登记手续。
>
> 六、质量保证：
>
> 七、声明：买受人已充分了解拍卖标的全部情况，承认并且愿意遵守《中华人民共和国拍卖法》和国家有关法律、行政法规之各项条款。
>
> 八、其他约定事项：
>
> 买受人（签章）：　　　　　　　　　　　　拍卖人（签章）：
> 法定代表人：　　　　　　　　　　　　　　法定代表人：

三、检查评价

方案一：教师以知识问答的形式进行提问检查，以检查学生理解掌握情况。

方案二：结合二手汽车交易主要方式，各小组推荐代表进行表演展示，其他小组结合评分表 8-5，进行评分。

二手汽车交易主要方式评分表　　　　表 8-5

序号	评分项目	评 分 标 准	分值	得分
1	二手汽车销售的基本内容	要点叙述准确、全面、流利	20	
		要点叙述准确、全面、流利	10	
		要点叙述准确、全面、流利	10	
		要点叙述准确、全面、流利	10	
		要点叙述准确、全面、流利	10	
		要点叙述准确、全面、流利	10	
2	二手汽车置换的基本内容	要点叙述准确、全面、流利	10	
3	二手汽车租赁的基本内容	要点叙述准确、全面、流利	10	
4	二手汽车翻新的基本内容	要点叙述准确、全面、流利	10	
合计	综合评语：		100	

课题二　二手汽车鉴定评估特点和评估检查流程

一、二手汽车鉴定评估特点

(一)二手汽车鉴定评估概念

二手汽车的鉴定评估是指专业鉴定人员,按照特定的经济方式和法定的评估标准及程序,运用科学的方法,对二手汽车进行手续和证照的检查、技术状况的鉴定,以及价值的估算的过程。

(二)二手汽车鉴定评估的特点

1. 机动车作为一类资产,有别于其他类型的资产,有其自身的特点

一是单位价值较大,使用时间较长;二是工程技术性强,使用范围广;三是使用强度、使用条件、维护水平差异很大;四是使用管理严,税费附加值高。

2. 二手车鉴定评估以技术鉴定为基础

评定车辆实物和价值状况,需要通过技术检测等技术手段来鉴定其损耗程度。

3. 二手车鉴定评估都以单台为评估对象

为保证评估质量,对单位价值大的车辆,一般是分整车、分部件地进行鉴定评估。

4. 二手车鉴定评估要考虑其手续构成的价值

对二手车进行鉴定评估时,除估算其实体价值以外,还要考虑由"户籍"管理手续和各种使用税费构成的价值。

5. 其他特点

一是知识面广。以资产评估学为基础,涉及经济管理、市场营销、金融、价格、财会及机械原理、汽车构造等多方面知识。

二是政策性强。《中华人民共和国拍卖法》《国有资产评估管理办法》《汽车报废标准》《二手车交易管理办法》。

三是实践和技能水平要求高。从业人员驾驶汽车,使用检测仪器和设备,目测、耳听、手摸,通过路试判断汽车性能。

四是动态特征明显。汽车产品更新换代快,结构升级、技术创新层出不穷,市场行情多变。要求鉴定评价工作具有极强的动态性、时效性。

(三)二手汽车鉴定评估要素

(1)鉴定评估的主体——从事二手汽车鉴定评估的机构和人员,它是二手汽车鉴定评估工作中的主导者。

(2)鉴定评估的客体——是指评估的车辆,是鉴定评估的具体对象。

(3)鉴定评估的目的——是指车辆鉴定评估所要服务的经济行为是什么?车辆鉴定评估的目的往往影响着车辆评估方法的选择。

(4)鉴定评估的程序——是指二手汽车鉴定评估工作从开始到最后结束的

工作程序。

(5)鉴定评估的标准——是指二手汽车鉴定评估工作所遵循的法律、法规、经济行为文件、合同协议以及收费标准和其他参考依据。

(6)鉴定评估的方法——是指二手汽车鉴定评估所运用的特定技术,它是实现二手汽车鉴定评估价值的手段和途径。

(四)二手汽车鉴定评估工作的要点

1. 手续和证照检查(图8-2)

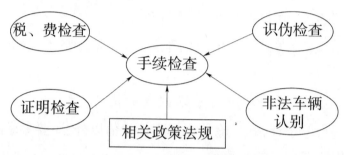

图8-2　手续和证照检查

2. 技术鉴定(图8-3)

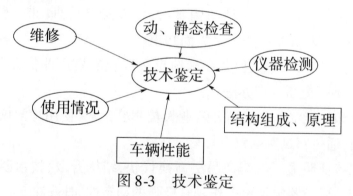

图8-3　技术鉴定

3. 价值评估(图8-4)

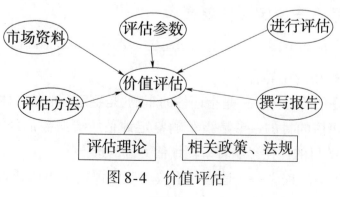

图8-4　价值评估

二、二手汽车技术状况鉴定

1. 静态检查

二手车静态检查是指在静态情况下,根据评估人员的经验和技能,辅之以简单的量具,对二手车的技术状况进行静态直观检查,它包括识伪检查和外观检查。

静态检查的目的是快速、全面地了解二手车的大概技术状况。通过全面检查,发现一些较大的缺陷,如严重碰撞、车身或车架锈蚀或有结构性损坏、发动机或传动系统严重磨损、车厢内部设施不良、损坏维修费用较大等,为价值评估提供依据。静态检查的主要内容见表8-6。

静态检查的主要内容   表8-6

静态检查	识伪检查	鉴别走私车辆
		鉴别拼装车辆
		鉴别盗抢车辆
	外观检查	鉴别事故车辆:碰撞、水淹、火灾等
		检查发动机舱:机体外观、冷却系统、润滑系统、点火系统、供油系统、进气系统等
		检查内室:驾驶操作机构、开关、仪表、报警灯、内饰件、座椅、电器部件; 检查行李舱:行李舱锁、气压减振器、防水密封条、备用轮胎、随车工具、门控开关等
		检查车身底部:泄漏、排气系统、转向机构、悬架、传动轴等

2. 动态检查

机动车的动态检查是指车辆路试检查。路试的主要目的在于一定条件下,通过机动车各种工况,如发动机起动、急速、起步、加速、匀速、滑行、强制减速、紧急制动,从低速挡到高速挡、从高速挡到低速挡的行驶,检查汽车的操纵性能、制动性能、滑行性能、加速性能、噪声和废气排放情况,以鉴定二手车的技术状况。动态检查的主要内容见表 8-7。

动态检查的主要内容　　　　表 8-7

动态检查	路试前准备	检查机油油位、冷却液液位、制动液液位、离合器液压油液位、动力转向液压油的油量、燃油箱的油量、冷却风扇传动带、制动踏板行程并确保制动灯工作、轮胎气压
	发动机工作性能	检查发动机起动性、发动机怠速、发动机异响、发动机急加速性、发动机曲轴箱窜气量、发动机排气颜色
	汽车路试	检查离合器工作状况、变速器工作状况、汽车动力性、汽车制动性能、汽车行驶稳定性、汽车行驶平顺性、汽车传动效率、风噪声、驻车制动
	自动变速器的路试检查	道路试验之前,应先让汽车以中低速行驶 5~10min,让发动机和自动变速器都达到正常工作温度、检查自动变速器升挡、升挡车速、升挡时发动机转速、换挡质量、锁止离合器工作状况、发动机制动功能、强制降挡功能
	路试后	检查各部件温度、检查"四漏"现象

3. 仪器检查

当对车辆各项技术性能及各总成、部件的技术状况进行定量、客观的评价时,通常需借助一些专用仪器、设备进行。

三、二手汽车评估检查流程

1. 评估检查前的准备工作

(1)检查工具及注意事项见表 8-8。

检查工具示意表　　　　　　　　　　　　　　　　　表 8-8

工　具	作　　用
小电筒	车辆检查中,光线较暗部位需要借用小电筒进行确认,特别是确认外板是否更换时,须用小电筒对更换评判要点之一的电泳漆进行确认。小电筒有橙色(普通灯泡)和白色(LED)两种,根据需要选择易用即可
小镜子	借助小镜子对骨架、外观检查中的死角进行检查。多在翼子板电泳漆确认时使用。最好选用带伸缩杆的小镜子,使用起来较为方便
塑料扣起子	在拆除包边、盖板时使用。近年来,以美观和装饰为目的将发动机舱用盖板盖起来的车辆在增加。二手汽车检查的原则是非分解检查,但是为确认损伤,必要时会用塑料扣起子
其他工具	平口/梅花起子(用于简易拆装分解作业)、胎纹计(用来测量残留胎纹厚度)、擦拭布(用来清洁发动机舱)、便携式工具包等

(2)检查场地。为保证稳定的检查品质,检查场地应有足够的空间,避免开车门时剐蹭邻车;照明状况良好。

(3)检查顺序。

车辆环视一周→驾驶席周围→左前门周围→左前翼子板周围→发动机罩周围→右前翼子板周围→右前门周围→右后门周围→右后翼子板周围→行李舱周围→左后翼子板周围。

2.二手汽车的评估受理

(1)填写评估受理单,与顾客进行交流咨询。咨询的项目主要有:希望置换还是出售;是否在二手汽车交易市场或其他4S店做过评估;希望的心理价格;有无发生过事故;现在有无故障;是否办理了年审、车船使用税是否交齐等。

(2)系统录入。接受评估委托后,确认资料,在二手接待台输入相关的资料和数据。

(3)实车确认,确认内容见表8-9。

确认内容 表8-9

规格确认	配置确认
驱动方式(2WD、4WD) 确认驱动轴、差速器位置	有无天窗
	是否真皮
门数量(3、4、5门) 掀背式车辆的后盖也要算作门	有无导航,是原厂件或副厂件
	是否是铝合金轮毂
变速方式(MT、AT) 半自动以有无离合器判断MT、AT	有无安全气囊
	有无ABS系统
其他认为需要确认的规格	其他认为需要确认的配置

(4)车辆提取及归还,具体内容见表8-10。

车辆提取及归还 表8-10

作业项目	具体内容
车辆提取	提取车辆时,事先要与客户确认有无贵重物品,并经同意后将车辆移到检查区
车辆归还	在告知报价的同时归还车辆或钥匙。如果客人在报价之前有事提前离开时,要在评估当天内将报价告知客户

3.二手汽车的评估检查流程及具体要求

(1)车辆环视一周,见表8-11。

车辆环视一周 表8-11

作业项目	具体要求
车辆前面	车辆的损伤(保险杠碰撞痕迹)、发动机罩与翼子板的开闭及间隙、前隔栏与保险杠开闭及间隙、保险杠和车顶与地面是否平行、左右前照灯的老化差异

续上表

作业项目	具体要求
车辆侧面	轮毂的大损伤、前后外板的色差、门的开闭及间隙、轮胎与翼子板的间隙、标志、门胶条的老化差异
车辆后面	车牌的损伤(保险杠碰撞痕迹)、行李舱盖与翼子板的开闭及间隙、保险杠和车顶与地面是否平行、左右后尾灯的老化差异

(2)确认驾驶席周围状况。

(3)确认发动机、变速器状况,见表8-12。

确认发动机、变速器状况　　　　　表8-12

发动机检查要点	变速器检查要点
急速时的稳定状况; 转速指针上升是否平稳顺滑(同时确认转速表); 有无异响(敲打声、摩擦声); 尾气是否正常(黑烟、白烟);	自动变速器; 响应时间是否在正常范围; 换挡振动是否在正常范围内; 手动变速器; 离合器是否分离彻底; 变速杆操作是否顺畅

(4)左(右)前门周围检查,见表8-13。

左(右)前门周围检查　　　　　表8-13

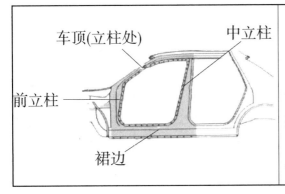	(1)开关门时重量感有无异常; (2)确认骨架有无碰撞痕迹、变形; (3)是否重新涂过漆(门铰链与立柱色差、立柱颜色是否均匀、有无遮蔽纸痕迹等); (4)怀疑表面再涂漆时,确认焊接部位

续上表

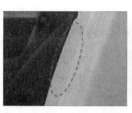	(1)确认焊接板件痕迹要点(左中立柱)； (2)确认底盘有无损伤、外门板有无损伤、确认门玻璃有无损伤； (3)焊接痕迹(焊点)的大小:新车时7~8mm、再焊接时3~5mm； (4)焊点大小是否均等、是否按一定间隔打点； (5)有无烧焦痕迹； (6)有无打砂轮磨痕迹
	(1)确认固定板件的螺栓更换痕迹(左前门)； (2)确认固定螺栓(固定立柱与铰链的螺栓有无拧动痕迹)
	确认密封胶(有无密封胶,也有新车没有密封胶、密封胶的硬度、宽度、厚度、形状是否均匀)
	确认电泳漆(通过排水孔、PW孔、门把手间隙确认电泳漆,新车时为灰色、更换后的痕迹变为黑色)
	(1)门外板损伤的确认； (2)身体姿势与车体平衡时较容易发现损伤
	(1)确认有无大梁校正痕迹； (2)确认前梁、前板件有无损伤； (3)确认消声器、制动系统管线等有无损伤

(5)左(右)前翼子板周围检查。
(6)发动机罩周围检查。
(7)发动机整体确认检查。
(8)确认发动机罩、前翼子板更换痕迹。

项目八 二手汽车交易

(9)骨骼操作判断(吸能部位)。

(10)底盘损伤情况确认。

(11)右后门周围检查。

(12)右后翼子板周围检查。

(13)行李舱周围检查。

(14)行李舱骨架的检查。

4. 二手汽车评估检查后拍摄照片

照片在传递车辆信息上是非常重要的要素。为了更好地将车辆信息传递给报价方,拍摄标准照片8张,但根据实际情况优先拍摄损伤部位及卖点部位。

四、实训情景设计

(1)根据提供的资料判断二手汽车交易的合法性。

(2)对汽车整车进行模拟的评估检查(可选某一部位)。

五、检查评价

方案一:教师以知识问答的形式进行提问检查,以检查学生理解掌握情况。

方案二:结合实训情景设计,各小组推荐代表进行表演展示,其他小组结合表8-14进行评分。

车辆环视一周顺序及检查要点评分表　　　　表8-14

序号	评分项目	评分标准	分值	得分
1	检查顺序及内容	要点叙述准确、全面、流利	25	
2	车辆前面检查要点	要点叙述准确、全面、流利	25	
3	车辆侧面检查要点	要点叙述准确、全面、流利	25	
4	车辆后面检查要点	要点叙述准确、全面、流利	25	
合计	综合评语:		100	

 二手汽车评估的基本方法

我国对二手汽车评估还没有统一的标准,二手汽车估价方法主要参照资产

评估的方法,主要按照以下 4 种方法进行:重置成本法,收益现值法,现行市价法,清算价格法。

一、重置成本法

重置成本法是指在现时条件下重新购置一辆全新状态的被评估车辆所需的全部成本(即完全重置成本,简称重置全价),减去该被评估车辆的各种陈旧贬值后的差额,作为被评估车辆现时价格的一种评估方法。

(一)基本计算公式

被评估车辆的评估值 = 重置成本 – 实体性贬值 – 功能性贬值 – 经济性贬值

被评估车辆的评估值 = 重置成本 × 成新率

重置成本是购买一辆全新的与被评估车辆相同的车辆所支付的最低金额。

重置成本有复原重置成本和更新重置成本两种形式。

复原重置成本指用与被评估车辆相同的材料、制造标准、设计结构和技术条件等,以现时价格复原购置相同的全新车辆所需的全部成本。

更新重置成本指利用新型材料、新技术标准、新设计等,以现时价格购置相同或相似功能的全新车辆所支付的全部成本。

(二)影响车辆价值量变化的因素

影响车辆价值量变化因素包括实体性贬值、功能性贬值、经济性贬值等,见表 8-15。

影响车辆价值量变化的因素　　　　表 8-15

贬值因素	简　介
实体性贬值	实体性贬值也叫有形损耗,是指机动车在存放和使用过程中,由于物理和化学原因而导致的车辆实体发生价值损耗,即由于自然力的作用而发生损耗
功能性贬值	功能性贬值是由于科学技术的发展导致的车辆贬值,即无形损耗
经济性贬值	经济性贬值是指由于外部经济环境变化所造成的车辆贬值

(三)重置成本法的估价计算

1. 估价模式

被评估车辆的评估值 = 更新重置成本 × 成新率 × (1 − 折扣率)

2. 重置成本的估算方法

(1) 重置成本的构成。

更新重置成本 = 直接成本 + 间接成本

直接成本是指购置全新的同种车型时直接可以构成车辆成本的支出部分。它包括现行市场购置价格,加上运输费和办理入户手续时所交纳的各种税费,如车辆购置税、车船使用税、入户上牌费、保险费等。

间接成本是指购置车辆时所花费的不能直接计入购置成本中的那部分成本。

如购置车辆发生的管理费、专项贷款发生的利息、洗车费、美容费、停车管理费等。在实际的评估作业中,间接成本可忽略不计。

(2) 重置成本的估算。

直接询价法:查询当地新车市场上,被评估车辆处于全新状态下的现行市场售价。

账面成本调整法:对于那些无法从现行市场上寻找到重置成本的车型,如淘汰产品或是进口车辆,也可根据汽车市场的物价变动指数调整得到旧机动车的重置成本。

重置成本 = 账面原始成本 × (车辆鉴定估价日的物价指数/车辆购买日的物价指数)

重置成本 = 账面原始成本 × (1 + 车辆购买日到鉴定估价日的物价变动指数)

3. 成新率的估算方法

成新率的估算方法见表 8-16。

(1) 成新率是指被评估车辆新旧程度的比率。

(2) 旧机动车成新率是表示旧机动车的功能或使用价值占全新机动车的功能或使用价值的比率。它与有形损耗一起反映了同一车辆的两方面。

(3) 成新率和有形损耗率的关系是:成新率 = 1 − 有形损耗率。

(4) 成新率的估算方法主要有使用年限法、综合分析法、行驶里程法、部件鉴定法、整车观测法、综合成新率法。

成新率的主要估算方法　　　　　　表 8-16

估算方法	内　容　简　介
使用年限法	成新率 = $\dfrac{\text{规定使用年限} - \text{已使用年限}}{\text{规定使用年限}} \times 100\%$ 车辆已使用年限指从车辆登记日到评估基准日所经历的时间（进口车辆登记日为其出厂日），车辆规定使用年限指《汽车报废标准》中规定的使用年限
综合分析法	以使用年限法为基础，综合考虑车辆的实际技术状况、维护情况、原车制造质量、工作条件及工作性质等多种因素对旧机动车价值的影响，以系数调整成新率的一种方法。 　　使用综合分析法鉴定评估时要考虑的因素有：车辆的实际运行时间、实际技术状况；车辆使用强度、使用条件、使用和维护情况；车辆的原始制造质量；车辆的大修、重大事故经历；车辆外观质量等
行驶里程法	车辆规定行驶里程指按照《汽车报废标准》规定的行驶里程
部件鉴定法	也称技术鉴定法，是对二手车评估时，按其组成部分对整车的重要性和价值量的大小来加权评分，最后确定成新率的一种方法
整车观测法	是通过评估人员的现场观察和技术检测，对被评估车辆的技术状况进行鉴定、分级，以确定成新率的一种方法
综合成新率法	为了全面反映旧机动车的新旧状态，在对旧机动车进行鉴定评估时，可以采用综合成新率来反映旧机动车的新旧程度，即将使用年限成新率、行驶里程成新率和现场查勘成新率分别赋以不同的权重，计算三者的加权平均成新率

二、收益现值法

(一) 收益现值法原理

收益现值法是将被评估的车辆在剩余寿命期内预期收益，折现为评估基准日的现值,借此来确定车辆价值的一种评估方法。该方法较适用于投资营运的车辆。

(二) 收益现值法评估值的计算

运用收益现值法来评估车辆的价值反映了这样一层含义:即收益现值法把车辆所有者期望的收益转换成现值,这一现值就是购买者未来能得到好处的价值体现。

(三) 收益现值法中各评估参数的确定

1. 剩余使用寿命期的确定

剩余使用寿命期指从评估基准日到车辆到达报废的年限。如果剩余使用寿命期估计过长,就会高估车辆价格;反之,则会低估价格。对于各类汽车来说,该参数按《汽车报废标准》确定是很方便的。

2. 预期收益额的确定

收益法运用中,收益额的确定是关键。收益额是指由被评估对象在使用过程中产生的超出其自身价值的溢余额。

3. 折现率的确定

折现率是将未来预期收益折算成现值的比率。它是一种特定条件下的收益率,说明车辆取得该项收益的收益率水平。

收益率越高,意味着单位资产的增值率越高,在收益一定的情况下,所有者拥有资产价值越低。

4. 收益现值法评估的程序

(1) 调查、了解营运车辆的经营行情,营运车辆的消费结构。

(2) 充分调查了解被评估车辆的情况和技术状况。

(3) 根据调查、了解的结果,预测车辆的预期收益,确定折现率。

(4) 将预期收益折现处理,确定旧机动车评估值。

三、现行市价法

现行市价法又称市场法、市场价格比较法,是指通过比较被评估车辆与最近售出类似车辆的异同,并将类似车辆的市场价格进行调整,从而确定被评估车辆价值的一种评估方法。

(一)现行市价法应用的前提条件

(1)需要有一个充分发育、活跃的旧机动车交易市场,有充分的参照物可取。

(2)参照物及其与被评估车辆有可比较的指标,技术参数等资料是可收集到的,并且价值影响因素明确,可以量化。

(二)采用现行市价法评估的步骤

1.考察鉴定被评估车辆

收集被评估车辆的资料,包括车辆的类别、名称、型号等。了解车辆的用途、目前的使用情况,并对车辆的性能、新旧程度等作必要的技术鉴定,以获得被评估车辆的主要参数,为市场数据资料的搜集及参照物的选择提供依据。

2.选择参照物

按照可比性原则选取参照物。参照物的选择一般应在两个以上。

车辆的可比性因素主要包括类别、型号、用途、结构、性能、新旧程度、成交数量、成交时间、付款方式等。

3.对被评估车辆和参照物之间的差异进行比较、量化和调整

被评估车辆与参照物之间各种可比因素的量化见表8-17。

被评估车辆与参照物之间各种可比因素的量化　　表8-17

量化内容	简　介
销售时间差异的量化	在选择参照物时,应尽可能地选择在评估基准日成交的案例,以免去销售时间允许的量化步骤。若参照物的交易时间在评估基准日之前,可采用指数调整法将销售时间差异量化并予以调整
车辆性能差异的量化	车辆性能差异的具体表现是车辆营运成本的差异。通过测算超额营运成本的方法将性能方面的差异量化
新旧程度差异的量化	被评估车辆与参照物在新旧程度上不一定完全一致,参照物也未必是全新的。这就要求评估人员对被评估车辆与参照物的新旧程度的差异进行量化。 差异量 = 参照物价格 × (被评估车辆成新率 − 参照物成新率)

续上表

量化内容	简　　介
销售数量、付款方式差异的量化	销售数量大小、采用何种付款方式均会对车辆的成交单价产生影响

4. 汇总各因素差异量化值,求出车辆的评估值

对上述各差异因素量化值进行汇总,给出车辆的评估值。以数学表达式表示为:

$$被评估车辆的价值 = 参照物现行市价 \times \sum 差异量$$

或　　　　被评估车辆的价值 = 参照物现行市价 × 差异调整系数

用市价法进行评估,了解市场情况是很重要的,并且要全面了解,了解的情况越多,评估的准确性越高,这是市价法评估的关键。

运用市价法收购二手车的贸易企业一般要建立各类二手车技术、交易参数的数据库,以提高评估效率。

用市价法评估已包含了该车辆的各种贬值因素,包括有形损耗的贬值,功能性贬值和经济性贬值。

(三) 现行市价法的应用场合

特别适合应用于成批收购、鉴定和典当。单件收购估价时,还可以讨价还价,达成双方都能接受的交易价格。

四、清算价格法

清算价格法是以清算价格为标准,对二手车辆进行的价格评估,见表8-18。

清算体格法相关内容　　　　表8-18

内　容	简　　介
适用范围	清算价格法适用于企业破产、抵押、停业、转产清理时要售出的车辆
前提条件	具有法律效力的破产处理文件或抵押合同及其他有效文件为依据;车辆在市场上可以快速出售变现;所卖收入足以补偿因出售车辆的附加支出总额

续上表

内　　容	简　　介
决定清算价格主要因素	破产形式、债权人处置车辆的方式、清理费用、拍卖时限、公平市价、参照物价格等
评估清算价格的方法	现行市价折扣法：指对清理车辆，首先在二手车市场上寻找一个相适应的参照物；然后根据快速变现原则估定一个折扣率并据以确定其清算价格

五、实训情景设计

（1）结合二手汽车评估教学软件，进行模拟训练，掌握基本要求。

（2）根据提供的资料实际评估一辆二手汽车的价值。

六、检查评价

方案一：教师以知识问答的形式进行提问检查，以检查学生理解掌握情况。

方案二：结合实训情景设计，各小组推荐代表进行表演展示，其他小组结合表8-19进行评分。

二手车评估方法分类对比评分表　　　　表8-19

序号	评分项目	评分标准	分值	得分
1	重置成本法	要点叙述准确、全面、流利	25	
2	收益现值法	要点叙述准确、全面、流利	25	
3	现行市价法	要点叙述准确、全面、流利	25	
4	清算价格法	要点叙述准确、全面、流利	25	
合计	综合评语：		100	

车辆的变更、过户、转籍手续的办理流程

二手汽车属于特殊商品，它的价值包括车辆实体本身具有的有形价值和以

项目八 二手汽车交易

各项手续构成的无形价值,只有这些手续齐全,才能发挥二手汽车的实际效用,才能构成车辆的全价值。

一、二手汽车交易的证件和证件检查

(一)二手汽车交易的证件

1. 机动车来历凭证

新车来历凭证是指国家工商行政管理机关验证盖章的机动车销售发票。

旧车来历凭证是指国家工商行政管理机关验证盖章的旧机动车销售发票。

还有因经济赔偿、财产分割等所有权发生转移,由人民法院出具的发生法律效力的判决书、裁定书、调解书。

2. 机动车行驶证

机动车行驶证是由公安车辆管理机关依法对机动车辆进行注册登记核发的证件,它是机动车取得合法行驶权的凭证,如图8-5、图8-6所示。

```
         中华人民共和国机动车行驶证
号牌号码_____    车辆类型_____
车主_____
住址_____
发动机号_____    车架号_____
厂牌型号_____
     发证机关_____ 总质量_____千克 核定载质量_____千克
            核定载客_____人 驾驶室前排共_____人
登记日期_____年___月___日  发证机关_____年___月___日
```

图8-5 机动车行驶证载明的内容

3. 机动车号牌

机动车号牌是由公安车辆管理机关依法对机动车辆进行注册登记核发的,它和机动车行驶证一同核发,其号牌字码与行驶证号牌一致。

4. 机动车登记证书

机动车登记证书是证明机动车所有权和记录其他状况的重要凭证。

```
┌─────────────────────────────────────────────────┐
│           中华人民共和国机动车行驶证副证          │
│  号牌号码_____    车辆类型_____           │
│  车主_____         │
│  检验_____         │
│       _____        │
│       _____        │
└─────────────────────────────────────────────────┘
```

图 8-6　机动车行驶证副证载明的内容

5. 车辆购置附加税

车辆购置附加税是对在我国境内购置规定车辆的单位和个人征收的一种税。

6. 车辆保险费

车辆保险费是指为机动车投保的投保人,根据其投保时所订的机动车辆保险费率,向保险人交付的费用。

机动车交通事故责任强制保险(简称"交强险")属于必须购买的强制责任保险,而"三责险"为自愿购买的商业险。

7. 车船使用税

车主每年在购买交强险时,必须同时缴纳车船使用税。

8. 其他证件

即买卖双方证明或居民身份证。

(二)二手汽车交易的证件检查

在买旧车之前要仔细检查以下证件:

(1)核实车辆的产权,检查行驶证、身份证、户口本,确认卖车人是否是车主本人。

(2)检查有无车辆原始发票或二手汽车交易凭证,了解购置日期和账面原值,是否经过工商行政管理机关验证盖章。

(3)检查是否改装车辆。仔细核对发动机、车架号码、车身颜色是否与行驶证登记的相符,有否自行更改发动机、车架号码。

(4)购置附加税证是否真实有效。

(5) 当年车船使用税等完税证明以及是否购买了交强险及商业保险。

(6) 年审证明。核查该车是否通过年审。

(三) 二手汽车交易中证件识别

车辆号牌,是车辆的"身份证",是区别其他机动车辆的一项重要信息。识别假号牌套牌的方法见表8-20。

识别假号牌套牌的方法 表8-20

识别方法	简介
从号牌字体上识别	正规车牌的字体是具有知识产权的独特设计,视觉感受良好;伪造号牌的底色偏蓝或偏黄,字体整体较瘦或偏胖,或在字体拐弯处有异常
从号牌形状上识别	真号牌经高科技处理并采用一次成型技术,形状整体划一,视觉感受良好;假号牌则经过多次工序而成,从而造成形状各异、尺寸不同,长短、宽窄、角边等各式各样,五花八门
从号牌着色与反光上识别	一是号牌着色情况:真号牌着色比较均匀,而且只有凸出的部分着色;假号牌着色不均匀且有接纹,同时,一些凹陷位置也有着色,整体感觉做工比较粗糙。二是号牌反光情况:真号牌在太阳光照射下不反光,但在灯光直射下却反光;假号牌在太阳光照射下站在一定的角度看会反光,但在灯光直射下是暗光,不会反光
从号牌悬挂安装上识别	号牌的安装位置、悬挂姿态、固封螺母、大型车辆的前小牌后大牌等安装都有明确而严格的要求
从号牌材质上识别	真号牌材质是选择高密度铝板定制而成的,其制作工艺是采用喷漆、压膜印字技术制作而成,结实程度强,表面膜抠不动;假号牌大都是采用的铁板材质或塑料材质制作而成,从表面看虽能达到以假乱真效果,但表面膜能用手抠下来,再仔细观察号牌背面材质,就能立刻作出真假号牌判断

续上表

识别方法	简　介
从号牌触摸上识别	用手触摸车号牌,尤其是触摸号牌周边棱角处,由于假号牌并非一次性成型,假号牌上的字体边缘会留有棱角,即使打磨过也难以掩盖痕迹,拆下车辆号牌,其背面也会有敲打过的痕迹,真号牌则没有这些现象
从全国联网微机中查找比对	通过公安交通管理部门管理系统上网输入查找车型和车牌号牌后,即可查询号牌真假

二、二手汽车交易过户、转籍的办理流程

(一)二手汽车过户的办理流程

二手汽车过户,顾名思义就是把车辆所属人的名称变更。

1. 二手车过户需要资料

二手车过户需要的资料见表8-21。

二手车过户需要资料　　　　　　　表8-21

过户对象	需要资料
个人对个人过户	卖方个人身份证原件及复印件;买方个人身份证原件及复印件;过户车辆的机动车登记证书原件及复印件;车辆行驶证原件及复印件
个人对单位过户	卖方个人身份证原件及复印件;买方单位法人代码证书原件及复印件,法人代码证书须在年审有效期内;过户车辆的机动车登记证书原件及复印件;车辆行驶证原件及复印件
单位对个人过户	卖方单位法人代码证书原件及复印件,法人代码证书须在年审有效期内;买方个人身份证原件及复印件;卖方单位须按评估价格给买车个人开具有效成交发票(需复印);过户车辆的机动车登记证书原件及复印件;车辆行驶证原件及复印件

2. 二手车交易需要资料

二手车交易需要资料,见表 8-22。

二手车交易需要资料　　　　　　表 8-22

交 易 对 象	需 要 资 料
个人办理车辆交易	机动车所有人的身份证原件及复印件,本人到场;机动车行驶证原件及复印件;机动车到场;填写补领换领机动车牌证申请表,个人签字
单位办理车辆交易	车辆所有人的法人代码证书原件及复印件,法人代码证书需在年审有效期内;机动车行驶证原件及复印件;机动车到场;填写补领换领机动车牌证申请表,单位盖章

3. 办理车辆过户、变更登记规定及程序

(1)领填《机动车变更、过户、改装、停驶、报废审批表》一份,按表格栏目要求填写,加盖与原注册登记相同的印章,私车需交验车主身份证。

(2)到交警支队车管科登记受理岗交验经办人审核。有下列情况之一的不予办理过户:

①申请车主印章与原登记车主印章不相符的。

②未经批准擅自改装、改型和变更载质量、乘员人数的。

③违章、肇事未处理结案的或公安机关对车辆有质疑的。

④达到报废年限的(对已达到报废使用年限,但车辆技术状况较好,使用性质为自用的汽车,经特殊检验合格后,在达到报废使用年限后两年内,准予申办过户登记,但不准转籍)。

⑤未参加定期检验或检验不合格的。

⑥新车入户不足 3 个月的(进口汽车初次登记后不满 2 年的,但法院判决的除外)。

⑦人民法院通知冻结或抵押期未满的。

⑧属控购车辆无申报牌照证明章的。

⑨进口汽车属海关监管期内,未解除监管的。

(3)符合过户条件的车辆送机动车检验岗检验、认定。

(4)检验合格后,本县(市)过户或变更的直接到牌证管理岗等候通知交费。跨县过户的先到登记审核岗编新车号,档案管理岗审核后签发牌通知书,牌证管理岗收旧牌,发新牌、照相后等候取证(进口车发待办凭证)。

(5)过户、变更业务流程:领表申请→登记审核岗受理→机动车查验岗验车→登记审核岗审核→档案管理岗复核→牌证管理岗编号→收费、领牌、照相、保险审核盖章。

(6)交易税:由旧机动车交易管理中心开出,按车辆评估价的1.48%收税,各地都有不同的浮动,但不能高出国家规定的1.48%。

(二)二手汽车交易转籍的办理流程

通常所说的转籍是指本地机动车转出到外地或外地机动车转到本地而发生的机动车所有权转移。

1. 车辆转出

车辆转出,是指已在本地注册登记的车辆,因产权变动或其他原因需要转往外地时,需要办理车辆档案的转出。其转出过程如下:

(1)持买卖双方的有关证件和行驶证,在车辆管理所签发的《机动车辆交易单》,到二手车交易市场取得二手车交易专用发票。

(2)凭二手车交易专用发票,到原车主所在的车辆管理所提取该车的《机动车登记表》等有关档案。

(3)原车主应出具有加盖公章的机动车定期检验表(行驶证副员上的有效临检即可)和其他有关表格,如《机动车档案异地动卡》。

(4)持上述资料和机动车号牌到车管所办理转出手续后,领取临时号牌并交费盖章,领取密封好的车辆转出档案。

2. 车辆转入

车辆转入,指外地登记注册的车辆办了转出手续后,持外地车辆管理所封装的车辆档案,到新车主所在的地区申领车辆的号牌和行驶证。过程如下:

(1)出具外地转出的机动车档案。

(2)出具二手车交易专用发票及其他相关证件。

(3)领填《机动车登记表》一式3份。

(4)新车主持上述资料到所在地车管所办理转入手续。经审核符合要求,并签注意见后,按新车的注册登记程序办理相关手续。

3. 转籍需提供的材料

(1)机动车登记证证书、机动车行驶证、机动车登记表副表、机动车号牌。

(2)临时号牌申领表、机动车转籍更新证明。

(3)机动车转移登记申请表(水笔或钢笔填写,不得涂改)。

(4)来历凭证:二手车销售统一发票。

(5)机动车所有人身份证明[个人:身份证、户口簿,单位:组织机构代码证(代码证必须盖有公章)]。

(6)《机动车登记业务流程业务记录单》(封袋)。

(7)《二手车买卖合同》或《二手车销售合同》。

(8)车船税纳税凭证。

(9)机动车评估书。

(10)经办公司组织机构代码证和经办人身份证复印件(必须在有效期内)。

(11)改装车提供承诺书、进口车提供查询单、特种车提供审批文件。

(三)保险手续变更

在办完车牌更换、行驶本、登记证书的变更等以后,到保险公司办理保险手续变更。一般来说办理汽车保险过户有两种方式:

第一种方式,主要进行保单要素的一些批改,关键是批改被保险人与车主。所需要的资料比较简单,带上保单和车辆过户证明,由原来的车主到原来买保险的保险公司营销网点去办理即可。

第二种方式,就是申请退保,即把原来那份车险退掉,终止以前的合同。然后,新车主就可以到任何一家保险公司去重新办理一份车险。这种情况下,退保时所需要的资料,除了保单还要身份证。重新投保的时候,只需提供新的行驶证,或者车辆过户的证明就可以投保了。

三、实训情景设计

在实训室结合教学软模拟办理二手汽车变更、过户、转籍手续。

四、检查评价

方案一:教师以知识问答的形式进行提问检查,以检查学生理解掌握情况。

方案二:结合实训情景设计,各小组推荐代表进行表演展示,其他小组结合表8-23进行评分。

二手汽车交易过户、转籍的办理流程评分表　　表 8-23

序号	评分项目	评分标准	分值	得分
1	二手车过户需求	要点叙述准确、全面、流利	20	
2	二手车交易需求	要点叙述准确、全面、流利	20	
3	办理车辆过户、变更登记规定及程序	要点叙述准确、全面、流利	60	
合计	综合评语：		100	

参 考 文 献

[1] 刘体国.汽车这样卖才对[M].北京:人民邮电出版社,2009.

[2] 安军.汽车营销与配件管理[M].北京:人民交通出版社,2010.

[3] 王彦峰.汽车营销[M].北京:人民交通出版社,2010.

[4] 李刚.汽车营销基础与实务[M].北京:北京理工大学出版社,2008.

[5] 叶志斌,李云飞.汽车营销[M].北京:人民交通出版社,2009.

[6] 李江天.汽车销售实务[M].北京:人民交通出版社,2008.

[7] 裘文才.汽车营销实务[M].上海:同济大学出版社,2009.

[8] 王梅,常兴华.汽车营销实务[M].北京:北京理工大学出版社,2010.

[9] 成玉莲,常兴华.汽车营销[M].北京:北京理工大学出版社,2011.

[10] 叶志斌.汽车营销[M].2版.北京:人民交通出版社股份有限公司,2014.

[11] 高婷婷.汽车营销学[M].北京:人民交通出版社股份有限公司,2019.

[12] 何宝文.汽车营销学[M].北京:机械工业出版社,2018.

[13] 刘凯,鞠鲁粤.汽车营销[M].北京:清华大学出版社,2014.